イエスの聖衣《トゥニカ》と
フランシスコの僧衣《トナカ》

稀有《けう》な二つの生き方、
二つの不滅のメッセージ

エンツォ・フォルトゥナート
太田綾子訳

女子パウロ会

LA TUNICA E LA TONACA
Di Enzo Fortunato

Japanese translation rights arranged
with Barry Marshall
c/o Black Inc., Victoria, Australia through Tuttle-Mori Agency, Inc., Tokyo

Published 2023 in Japan by Joshi Paulo-Kai

イエスの聖衣《トゥニカ》とフランシスコの僧衣《トナカ》
稀有《けう》な二つの生き方、二つの不滅のメッセージ

もくじ

はじめに

グアルティエロ・バッセッティ枢機卿*

「一人の女が……近寄ってきて、後ろからイエスのマントの房に触れた」（ルカ8・43〜44）。ルカ福音書が語るその女性は、イエスのマントには救いの力が潜んでいることを直感しました。彼女の信仰は報われ、癒やされただけでなく、イエスは彼女を「娘よ」と呼び、「あなたの信仰があなたを救った。安心して行きなさい」と言います。そして今もわたしたちは彼女と同じように尊敬と信頼を込めて、イエスの聖衣《トゥニカ》に近づくことができます。

このような理由から、主の衣服とアッシジの聖者の衣服に関する研究をしてくれたエンツォ・フォルトゥナート師に感謝します。読み進めていくと、衣服やそれを身にまとうことに関するさまざまな側面や、存在性、霊性、教会的意義、そしてそれらの関連性を理解することができます。服は付帯的なものではなく、イエスと「もう一人のキリスト（Alter Christus）」と呼ばれたフランシスコのこの世での出来事や生きざま、その使命の神秘に分け入ることのできる豊穣《ほうじょう》な入り口であると気づかされるのです。この観点からみると、着ていた服を父に返上し「裸になった」あの最初の瞬間は、フランシスコが自らの主とその福音との完全な一致を望んでいたからにほかなりません。それはポヴェレッロ（貧しい人フランシスコ）にとっては喜びの源でした。「以前の生き方」の心配事から離れ、自らの心に自由をもたらしたからです。

本書は、長い歴史とさまざまな出来事、世界の道々を通ってわたしたちのところにまでやってきた、イエスの聖衣《トゥニカ》とフランシスコの僧衣《トナカ》を追い、それらが、トリノの聖骸布のように、巡礼、祈り、沈思、回心の機会となっていることを示します。読み進むうちに、この貴い聖遺物に近づきたい、まだ見ていない人は自分の目で見たいと思うようになるでしょう。

フランシスコは貧しさを、すなわち自由を選びました。「誰も、二人の主人に仕えることはできない。一方を憎んで他方を愛するか、一方に親しんで他方を軽んじるか、どちらかである。あなたがたは、神と富とに仕えることはできない」（マタイ6・24）。僧衣《トナカ》は、富にではなく神に仕える決意を告げるもので、イエスが弟子たちとすべての人に向けた提案「自分の体のことで何を食べようか、何を着ようかと思い悩むな。いのちは食べ物よりも大切であり、体は衣服よりも大切ではないか」（マタイ6・25）への賛同を公にする、貧しい衣服です。

修道服は質素ではあっても貧しさの象徴ではなく、それを着ない（その生き方を選ばない）者を裁いたり蔑んだりするものではありません。フォルトゥナート師が言うように「トナカと腰ひもはもともと農夫たちが身につけていたもので、小さき兄弟会の修道士たちを当時の貧しい人々の仲間にするものでした」。フランシスコは、自分と当時大勢いた貧しい民衆との間を隔てるような服ではなく、自分と兄弟修道士も「羊の匂い」を醸し出すよう、民衆のみんなが着ていた服を望みました。「フランシスカン原典資料」（FF）にあるように、フランシスコは、「十字架のイメージを再現し」、「肉とそのすべての悪癖と罪を十字架につけるために、とても粗い生地でできていて、世の中の誰も欲しがらない粗悪な」（チェラーノ『第一伝記』、IX、FF 356〜357）服を選ぶ一方で、修道士たちには「柔らかで色彩豊かな服を着ている人たちを裁いたり蔑んだりしないように……、むしろ己を裁き蔑むように」（アッシジのフランシスコ、認可会則、II、FF 81）勧めました。

その日の服を選んで着るというのは、少なくともそれができる人々にとっては（残念ながら世界中の数千万人の人々は窮乏のためそれができないでいます）毎朝、はじめにしていることです。聖衣《トゥニカ》と僧衣《トナカ》は、主とその貧しさの選択が毎日刷新されることを思い起こさせます。それは毎日、意識して繰り返されなければならず、一度きりで終わりではありません。神のことばで養われ、祈りの対話の中で御父と出会うことが、日々の選択であるのと同じように。

着る服を持たない者の貧しさについてですが、現在多くの服を所有し、無駄にする人がいる一方で、衣服が手の届かないぜいたく品となっている人もいます。裸の人に服を着せるのは、憐れみのわざの一つです（マタイ25・36）。「原典資料」には、身を覆う服を持たない人に会ったフランシスコが自らの僧衣《トナカ》の一部を切り取って与えるエピソードが数多く記されています。寒さや病気になる危険をいとわずに……。裸の人に服を着せてあげるのは、その人に尊厳をもどすこと、人格を持つ人（ペルソナ）にもどしてあげることです。そして、それを最初にしたのは神ご自身です。「主なる神は、人とその妻に皮の衣（トゥニカ）を作って着せた」（創世記３・21）。

増え続ける高齢者に思いを向け、もう一つの必要性についても話したいと思います。服を着るには、そのための「誰か」がいなければなりません。孤独の中、孤立し、「見捨てられた」状態、たとえば施設に閉じこもっている人たちの場合、自分のケアをしたり、ふさわしい服装を身につけたりするモチベーションが失われていきます。そのような「病んだ状況」においては、家族や友人の訪問が薬となるでしょう。「裸の人に服を着せる」とは、したがって、愛情込めて「そうする理由を提供する」ことをも意味するのではないでしょうか。

「聖衣《トゥニカ》と僧衣《トナカ》」に偶然性は一切ありません。主の母マリアによって織られたと伝えられている、イエスの縫い目のない、一枚の布として織られた服、（イエスを）十字架につけた後、兵士たちが分捕り品として得たにもかかわらず裂くことをためらった服（ヨハネ19・23〜24）は、母なる聖教会の一致と不変性のしるしであり、いかなる分断もこの服の美しさを傷つけるものなのです。

フランシスコの僧衣《トナカ》も、その色が土色、すなわち天地創造を思い起こさせる「大地の色」であることなどを含め、象徴や暗示性を含んでいます。天地創造は有名な「つくられしものたちの歌（Cantico delle creature）」をとおして感動的にうたわれ、教皇フランシスコは、その賛歌のはじまりのことば（ラウダート・シ、Laudato si'）をとって、「共通の家」を大切にするよう勧める回勅『ラウダート・シ』を著しました。あの色、あの僧衣《トナカ》は、二〇二〇年三月二十七日、パンデミックのさなか、教皇フランシスコがあの特別な祈りのとき、発したことば、「病んだ世界にいるのに健康であり続けると思って歩を進める狂気の思い込みを捨て、苦しむわたしたちの地球を救う緊急性」を常に思い起こさせます。

フランシスコの僧衣《トナカ》は、聖キアラが友の服を繕うために自らの服の切れ端を使った手仕事の結晶ではありますが、継ぎはぎだらけです。ちょうど、ユダヤの神秘学カバラが「カオス（混《こん》沌《とん》）に墜落した世界の修復」を目的におこなう、繕い、縫い合わせるという「天命」を思い起こさせます。国々や世代間で起きる紛争、分裂、断絶から生じるカオス（混沌）。そうした「修繕」は、巨大な工場の機械にまかせるべきものではなく、繕い、織り直す愛情とやさしさを無償でまく人々の手にゆだねるべきでしょう。

若者から高齢者までわたしたち全員には、すべての人が平和に、兄弟として生きていけるよう、ボロボロに引き裂かれたマントの裾を日々織り直すつとめがゆだねられています。

ルカの福音書に出てくるあの癒やされた女性のように、わたしたちもまた、読み進む中で、あのマント――聖衣《トゥニカ》と僧衣《トナカ》――に「触れて」、忍耐強く愛情を込めて「繕う」日々の実践をとおして、世界を修繕する人になれますように。

＊ペルージャとチッタ・デッラ・ピエーヴェの大司教、イタリア・カトリック司教協議会会長。

序文

フランコ・カルディーニ

エンツォ・フォルトゥナート神父の最新作『イエスの聖衣《トゥニカ》とフランシスコの僧衣《トナカ》』にはちょっと戸惑いました。まるでことば遊びか早口ことばのようなタイトル……。それにこの二つのことば、トゥニカとトナカは、もう日常生活ではあまり使われておらず、トゥニカがやっと「診療衣」の意味で生理学や医療の場で使われているくらいです。

ですから、ここからはじめましょう。この二つの「物」に感じる最高の親近感と、そのことばを読んだり聞いたり発音したりするときに湧いてくる漠然としたイメージの間のパラドックス。似たようなものがあったのではないか、でももうそれは日常の世界ではなく、神秘に近いレベルなのです。実は疑いなく一つのことば、ラテン語の「tunica（トゥニカ）」に由来します。その後イタリア語が誕生しつつあった中世に使われた俗ラテン語では「tonaca（トナカ）」になりました。正確にはいつからでしょうか？　語彙としては九～十世紀の文献に出てきます。実際にはその数世紀前、聖職者や知識階級の間で認識されるようになるまえから、庶民の間で話されていたようですが、似てはいるがすでに別の二つの言語として区別され、翻訳されるようになったのはその時点からです。ウンベルト・エーコが、彼らしいインスピレーションを発揮して、「ほとんど同じ意味」と言ったとおりなのです。

シンプルだが問題多い副詞「ほとんど」が、エンツォ・フォルトゥナートにこの本を書かせる原動力となりました。さまざまな面で意義と神秘が隠された、いわばドラマチックな自伝であることは確かです。何をして二十一世紀の一人の人間にあのような服を身につける衝動を起こさせたのでしょうか。その服は素晴らしい「舞台衣装」のようにも見えますが、多くの場合、とりわけその服を着ていないわたしたちには、居心地悪い牢獄、時がたつうちに我慢できなくなり、息苦しくなるのではないかと思われます。単に制服や軍服にたとえた者もいて、確かにそのような人間関係に似ていないとは言えません。でも何かそれ以上のものがあります。かくもシンプルで普段着のこの服の襞《ひだ》には、計り知れない、隠された、何かがあります。

残念ながら、今では象徴の意義はかなり薄れていて、上衣、下着、外観、裏、また形体や内容などに関して、あまり考察されることはありません。よく「衣ばかりで和尚はできぬ」と言われますが、法衣を着ないほうが真の和尚、つまり、法衣を着ていないときのほうが真の和尚であり得るのではないか、という考え方もあります。ルチアーノ・サルチェ監督の、今でもそれほど古く感じられない六十年前のすぐれた映画『ファシスト（イル・フェデラーレ）』で、名優ウーゴ・トニャッツィが主役をつとめていますが、主人公は、一九四四年、瓦解寸前のファシスト政体にあって、今まで自分が信じてきたファシスト政治に忠実であろうとする滑稽ではあるが涙ぐましい努力が報われ、最後には、戦闘ファッショ県支部長の制服を手に入れて、それを着ることができるという、彼にとっては今までの忠誠が報われたかのような成り行きになります。しかし、それはまさに「ローマ解放の日」でした。そんな格好の男を見つけた群衆はかれをリンチします。そのとき、かれの捕虜としてずっと旅を共にし、旅の間に主人公の陰りのない正直さを見てきた反ファシズム派の教授は、倒れたかれを起こし、服をたたいて泥を取り除き、「あなたを殴っていたのではありません、あなたの着ている制服を殴っていたのです」と言って慰めます。哀れな男はこうこたえます。「それはそうだが、制服の中には俺がいたんだ！」

無限に移り変わる変化の中にあっても、これはまさにエンツォ修道士のストーリーでもあります。講演会やテレビ番組に出演し、拍手喝采を浴びるとき、おそらく、いつも思いをはせていたことでしょう。コンベンツアル会修道士の黒い修道服を身にまとう——その場にふさわしくないため、着ないように求められる場合もありますが、心の中では常にそれを着ていて、絶対に脱ぐことはないでしょう——、それは苦行と犠牲の服、殉教をも受け入れるという決意を表すしるしであることを。歴史上犠牲や殉教はたくさんあったし、今も起こっているのですから。

一方では典礼服であり、もう一方では普段の生活の服。皆さんも日常的に利用しておられるであろうウィキペディア検索をしてみてください。図書館の利用者または家に百科事典や各種辞書——小生は職業柄、各国語による諸分野の辞典類をそろえていますが——をお持ちのかたは、「トゥニカ」や「トナカ」を調べてみてください。結果は「ほとんどない」ことに驚かれるでしょう。研究機関以外ではとうてい手にすることのできない調査手段の世界に入り込まない限り。手に入るささやかな情報によると、次のことが分かります。トゥニカは古代ローマ時代の丈の長い服、短い袖のついた長いシャツのようなもので、トナカは聖職者が着る衣で、トゥニカから派生した服であることは確かで、少なくとも西方教会の場合、反宗教改革時代以降は、聖職者が身につけていた服でした。厳粛な（「もったいぶった」ともいえる）表現では「神父の着るスータン」と呼ばれましたが、第二ヴァチカン公会議以降は、特別な機会を除いては、あまり着られなくなりました。ただ最近では、保守的な教会グループの間でいわばリバイバルみたいな現象もあります。そこには公会議以降の傾向に反旗をひるがえす思いが見え隠れしないわけではありません。

しかしパードレ・エンツォは典礼や祭服についての研究書や教会の慣例や服装史について本

を書いたわけではありません。彼の意図は二つの漠然とした概念、いわば「原型」ともいえるものから出発して、その内奥に隠された、キリスト学と「キリストに倣うこと（イミタツィオ・クリスティ）」とが互いに触れ合うという現実に潜む、強烈な核にまで達し、それに触れることでした。

一方で、キリストの「聖衣《トゥニカ》」があります。それを着た方ゆえに聖なるものとなった、あの特別な「トゥニカ」です。もちろん、マタイ福音書（27・27〜28）によるとピラトの宮殿の兵隊たちが嘲りを目的としてイエスに着せたあの緋色の服ではありません。緋色に染められた短いマントは、皇帝の確たるしるしでした。それは脱がされ、イエスは元の服を着せられます。ルカ福音書（23・11）にある、ピラトに送り返すまえにヘロデ王がイエスに着せた「派手な衣」と右記の「緋色のマント」との違いについても、新約聖書研究者たちは検証しています。

自分たちが何をしているかを知らずに救世主にそれを着せた者たちの思惑とは別に、王の威厳を表すこれらの服は、黙示録（7・9）に出てくる、聖者たちの「白い衣」と対比されます。最高に尊い、子羊の血で洗われた「白（アルバ）」。血の赤色は、鉄が最高に熱せられた場合に真っ白になり、雪のように無垢《むく》の色になるという、錬金術の伝統で「大いなるわざ」とされるルベード（赤化、賢者の石、神人合一、有限と無限の合一）のあとのアルベード（白化。再生、肉体の鎖から解かれた魂の解放、浄化）なのです。カロリング朝からフランク王国の時代、すなわち八世紀から十一世紀ころにかけて、西方教会の伝統では、十字架につけられたキリストは「勝利のキリスト」と呼ばれ、古代ローマ時代の皇帝が身につけていた短いマントを着て、大きく目を開け、穏やかな表情で表されていました。典型的なのは、ルッカのあの有名な「聖なる御顔」です。

しかしイエスの「聖衣《トゥニカ》」は「短いマント」ではありませんでした。福音書によると、イエスは「普段の服」を着てゴルゴタの丘に行かされ、十字架につけられるまえに脱がされ、兵士たちがそれを分け合った、とあります。しかしヨハネ福音書（19・23〜24）によると、「聖衣《トゥニカ》」は縫い目のない、一枚の布として織られた服であったため、兵士たちはそれを分けることができなかった、とあります。

分け合うことができなかったため、イエスの十字架の下で兵士が賭けで手に入れた「聖衣《トゥニカ》」は、現在有名な二つの聖遺物として、一つはトリーアに、もう一つはアルジャントゥイユに残されていますが、両方ともキリスト者の一致の象徴とされています。

聖職者特有の服（修道士・聖職者の着る僧衣《トナカ》）も、この聖遺物の記憶を追っているのでしょうか？　フランシスカン（フランシスコ会修道士）たちも、自らの「僧衣《トナカ》」をそのような意味で身につけているのでしょうか？　ここにエンツォ師のまことに優れた直感があります。

フランシスカンの修道服は、よく知られているように、肩幅の線から垂直に降りるように縫われた幅広い袖によって、十字架の形になっています。しかしフランシスコが選んだのは、当時の修道会で会則のもとに修道生活を送る聖職者の象徴とされた「修道服」とは似ても似つかないものでした。

ここでおそらく今まで十分議論されてこなかったもう一つの要素が加わるかもしれません。しかし、歴史的観点からの考察は往々にして原典資料の解釈論に陥るというリスクがあり、また過度にそれを激化させると、真の意味とは異なる方向へ進む危険性があります。しかし、フランシスコの場合は少なくとも初期には、修道服ではなかった、と言わずにはいられません。フランシスコの周りに集まったアッシジの貧しい兄弟会は第四ラテラン公会議（一二一五年）の規定により「伝統的修道会」としては認められませんでしたが、その後、教皇の命令によって正式に修道会となってからは、小さき兄弟会修道士の聖職者としての服はフランシスコが選んだ服が継承されています。

一方、それと並行した話ですが、カレルエガ出身の聖ドミニコが設立した「ドミニコ会」は、創立者がオスマの司教座大聖堂の聖職者であったときと同じ服を修道服として続けて着ていました。

フランシスコは「回心」の最初のころ、「修道会」を創立するとか、「特別な服」を作るなど考えてもいませんでした。おそらく一般の服、当時その地方の農民が着ていた仕事着を選んだのでしょう。十三世紀のイタリアでは、服装は古代ローマのころのそれとはあまり変わらなかったので、農夫たち――もとはと言えば、奉公を終えたレギオン兵士たちに報酬として小さな耕作地が与えられ、農夫となった者たち――の服は、兵士がロリカ（胴体と肩を保護した服）の下に着ていた、膝までの長さの質素な半袖のシャツのようなものでした。ケルト人やゲルマン人が着ていたサグムと呼ばれた大きなシャツにも似ています。これがフランシスカンたちの伝統的な頭巾付きの修道服で、時とともに変化し、膝下よりもっと長くなり、袖も長くなっていきました。こうして、特別な形の「僧衣《トナカ》」となり、他の修道会の服に似たものになりましたが、当初から聖職者ではない信徒としてのあり方や戦士的な面を持ち合わせているかのようです。若き日の騎士道への夢を捨て、「遺言」にもあるように、貧しさ、病、「見捨てられた者たち」に仕えることを分かち合う幸せを発見した、フランシスコの最初の召命の特徴をそなえているようです。

八十歳になるわたしですが、むかし祖母が教えてくれた古い連禱《れんとう》が思い出されます。「聖母さま、お願いです、主の傷がわたしの心に刻まれますように」。何か月もまえから病の床についていて、もう起き上がることができなくなっていた祖母は、見舞いに来た近所の人たちにいつも同じ返事をしていました。誇らしげにではなく、静かな信頼に満ちた声でした。「主は、自らの聖なる傷をわたしと分かち合う光栄をくださいました」。聖痕を受けたフランシスコの姿と出会うたびに、苦しみの中で穏やかさにあふれていたあのことばを思い出します。

聖痕についてはよく分からないままです。特に専門家たちの膨大な知識と議論の対象となってからは……。しかしわたしの目には、脇の部分が引き裂かれ、血のついたあの修道服のイメージが残っています。フランシスコの僧衣《トナカ》の、残された二つの聖遺物（一つはヴェルナに、もう一つは、当時はフィレンツェのオンニッサンティ教会にあって、今はフランシスコ会のサンタ・クローチェ教会に収蔵）に、はじめて近づいたときの感動を覚えています。二つ目のは炭素の放射性同位体測定で、一二二六年から約八十年後の十四世紀と判定されました。しかし、聖遺物は信仰の対象ではなく、信仰に関する歴史的・宗教的問題を左右させることはほとんどありません。

ゆるぎなく残るのは、フランシスコの「キリストに倣う」こと、それも死ぬまで、十字架の死にいたるまで裸のまま、そのまま、後についていくことです。ダンテは『神曲』の天国編の第十一歌で、聖体の秘跡の聖歌「タントゥム・エルゴ・サクラメントゥム」の作者であるトマス・アクイナスに、「フランシスコと清貧、両者とも十字架の木に裸でかかっている」と、たたえさせています。

「殉教者とはその苦しみによってではなく、何のために苦しんだかによる」。フランシスコは救世主と同じ苦しみを自らの肉に負ったから聖者なのではありません。パウロのことばを文字どおり自らに帰し、「キリストと共に死ぬ」ことを望んだからです。そしてほんとうに、「alter Christus（もう一人のキリスト）」であることができたからです。ことばに言い表せない至高のレベルに到達したため、「Anticristo mistico（神秘的な反キリスト）」という、冒涜《ぼうとく》に近いあだ名さえつけられました。

ここにおいて、アッシジの貧者の卑しい「僧衣《トナカ》」は救い主の「聖衣《トゥニカ》」に似たものとなります。「僧衣《トナカ》」も、一つに戻らなければならない教会のように、「一つの布として織られた服」として。十字架の形をしたフランシスカンの服。十字架との類似点について、忘れてならないのは、十字架だけが、聖母マリア、天使たち、聖人たちにも向けられない、神自身にのみ向けられる「三位一体の神への崇拝」の対象であることです。「聖人たちへの崇敬」ではなく、礼拝の対象なのです。近代言語の中でキリスト教的価値がもっとも浸透しているロシア語では、「十字架」はクレーストと言われていて、まさにキリストと同じことばなのです。この「語彙の同一性」について考察するのは意義あることだと思います。

イエスの聖衣《トゥニカ》とフランシスコの僧衣《トナカ》

ボロボロに引き裂かれてしまいそうな人々を「繕おう」と努力する
聖エジディオ共同体へ。

困っている人を迎え入れ、社会復帰を支援する
アウクシリウム社会協同組合へ。

皆さんに言いたい、
勇気を、勇気を持ちましょう。

I
二つの聖遺物を探し求めて

初めからあったもの、わたしたちが聞いたもの、目で見たもの、よく見て、手で触れたものを伝えます。すなわち、いのちの言《ことば》について。（……）あなたがたにも伝えるのは、あなたがたもわたしたちとの交わりを持つようになるためです。

ヨハネの手紙一（1・1～3）

本書は一連の偶然の巡り合わせによって生まれました。「イタリアの守護聖人、聖フランシスコ誌」の二〇一九年十月号を準備する編集会議で、論説のテーマを決めなければなりませんでした。「奉納ロウソクの象徴性」とか、「聖フランシスコの肖像画展望」のような通常の特集ではなく、何か違う内容のものを提案したかったのです。そうした中、あるアイデアが浮かびました。フランシスコの僧衣《トナカ》について。

同誌のバックナンバーから、修道服の修復について書かれた数十年前の記事を探し出してくれるよう、編集部に依頼しました。当時のことはよく覚えています。わたしはその二年前にアッシジの聖フランシスコ大修道院に来たばかりの、若い志願者でした。修復された僧衣《トナカ》が届いたときのことは、まだ目の奥に焼きついています。特別な出来事でしたから、絶対に大きく報じられたはずだと思いました。

見つかったということで、急いでページをめくるうちに、その記事と出合いました。せっかちな若者によくあることですが、当時はあまり注意を払わなかったようです。しかし、そこには鳥肌が立つほどの情報価値がありました。フランシスコの服はアッシジのキアラの手で縫われていたのです。幾枚かの継ぎ布はアッシジのキアラのマントから取ったものでした。このことは、信仰を持つ者、とりわけフランシスコ会会員にとっては、口では説明できないほどの力を持っていました。なぜなら想像を絶する信仰と霊的一致について語っているからです。

キアラがフランシスコの服を繕う姿を思い浮かべていると、ヨハネ福音書の、十字架の下で兵士たちが賭けをして手に入れた、イエスの聖衣《トゥニカ》のことが思い出されました。偶然にも同じ時期、友人ピエロ・ダモッソとの共著、『フランシスコとサルタン、あの信じがたい出会いから八百年』について話すため、わたしはサン・パウロ出版編集長、シモーネ・ブルーノを訪問しました。ブルーノは、アン・レキュ著『あなたはわたしの恥を覆った』を読むよう勧めてくれました。この本は、アダムからイエスまで、「服を着る」ことと「裸になる」ことが、信仰と憐れみの道において、いかに決定的な役割を果たしてきたかを物語っています。

並行して、フランシスコの修道服についての研究を続けました。そうしているうちに、自然に、わたしの中で聖衣《トゥニカ》と僧衣《トナカ》という二つの衣の比較がはじまっていました。そのことを「コッリエーレ・デッラ・セーラ紙」の編集長ルチアーノ・フォンターナ氏に話すと、とても興味を持たれ、一ページ全面をその特集にさいてくれました。そして記事を書くことになりましたが、フランシスコ会創設者の僧衣《トナカ》をキアラが繕ったという歴史的事実は知られていなかったため、そのニュースは世界中に広まりました。

その後、一九八八年に出版されたフランシスコの僧衣《トナカ》に関する研究書の著者であり、古い織物の専門家として知られ、トリノの聖骸布の修復にも携わったメフティルド・フリュリ-レンベルグ氏と話す機会を得ました。九十歳を超えた彼女は、研究に携わる喜び、自らの手で僧衣《トナカ》に触れた印象についてあつく語ってくれました。「触れること」の重要さを何度も口にしました。感覚、視覚、臭覚、とりわけ触覚をとおして歴史に参加する感動についても……。

純粋な感動は常にわたしたちを巻き込みます。ヨハネの手紙一のはじまりの部分のことばがすぐに思い起こされました。「わたしたちの手はいのちのことばに触れた……」。

「このいのちは現れました。御父と共にあったが、わたしたちに現れたこの永遠のいのちを、わたしたちは見て、あなたがたに証しし、伝えるのです。わたしたちが見、また聞いたことを、あなたがたにも伝えるのは、あなたがたもわたしたちとの交わりを持つようになるためなのです」。

それからもう一つ重要な出来事がありました。社会学者ドメニコ・デ・マージとアッシジで会うことができ、彼もわたしにもう一つの課題を見つけてくれたのです。わたしが、「見てください、こんなに継ぎはぎがあるのですよ」と言ったら、彼はその服をよく見ようとかがみ込み、こう言うのです。「パードレ、現代ではもう繕うことはしなくなっていますよ」。これがすべての鍵です！　フランシスコはこの服をとおしてわたしたちに「修繕する」ことがいかに必要かを訴えています。この僧衣《トナカ》はフランシスコの生の最後の部分であり、サン・ダミアーノで起きた最初の出来事や彼の歩みを再現させます。「行って、修復してくれ！」修復することの重要さ。わたしたちの行動と存在の中心である、人間の美しさ、尊厳、完全さを取り戻すこと。

前掲の月刊誌の特集は、このテーマで組み、ミンモ・パラディーノの表紙をつけました。これは広く行き渡り、世界中から送ってくれるようにとの要望を受けました。しかし、わたしの仕事はそこで終わりませんでした。自分自身に言いました。もっと深く、研究し、学び、熟考しよう。

この探求の旅に先立ち、二つの聖遺物に関するさまざまな出版物、新聞、雑誌、文学作品、詩、芸術など、あらゆる分野のヒントを参考にしました。実は、キリストの聖衣《トゥニカ》に関しては、参考にできる文献はあまりありませんでしたが、アッシジの聖者に関する文献は、最近のものを含め、かなり広範囲に見つかりました。

グラード・ジョヴァンニ・メルロの『フラーテ・フランシスコ』、フランコ・カルディーニの『アッシジのフランシスコ』、キアラ・フルゴーニの『キアラとフランシスコの伝記』、そして『聖フランシスコが帰ってきたら』で聖者との出会いを想像するようわたしたちを招くカルロ・ボの力強い挑発。実際、わたしたちは、あの貧しさへの招きを真摯にとらえ、フランシスコのことばと模範が示す素朴さ、単純さを引き受けることはできるのでしょうか……。

マッシモ・カッチャーリの『二重の肖像。ダンテとジョットにおける聖フランシスコ』を思います。そして友人フィリッペ・ダヴェーリオと彼の「アッシジにあるジョットの芸術に関する講義」、RAI（イタリア国営放送）の番組『パスパルトゥー（Passepartout）』。ヴィンチェンツォ・チェラーミの『ミュージカル・フランシスコ』、そしてもちろん天才ダリオ・フォの『聖なる吟遊詩人フランシスコ』。映画作品も広範囲にわたります。まずはエンリーコ・グアッツォーニの『アッシジのポヴェレッロ』（1911）、ロッセリーニの『神の道化師、フランシスコ』（1950）、ゼフィレッリの『ブラザー・サン　シスター・ムーン』（1972）、リリアーナ・カヴァーニ作の『フランシスコ』（1989）、ミケランジェロ・アントニオーニの未発表の『フラーテ・フランシスコ』（1982）。

また、わたしにとって文化的、霊的、人間的なよりどころとなったジャンフランコ・ラヴァージ枢機卿の著書、『朝課』と『信徒の聖務日課』は、読みやすいけれど同時に深い内容でした。日々の、そして全人生におけるさまざまな時に確かな支えとなり、インスピレーションの源となりました。

『イエスの聖衣《トゥニカ》とフランシスコの僧衣《トナカ》』において提案したいのは、まさにナザレのイエスとアッシジのフランシスコの対比です。すでに研究された面もある「霊的な道行」で、思い浮かぶのは神学者ブルーノ・フォルテの『聖フランシスコと共にイエスについていく』です。めざしたいのは、かれらの衣をとおしての、二者の並行論です。ある種の賭け、またはこじつけのように聞こえるかもしれません。拒否反応を示す人も確かにいることでしょう。語りたかったのは、わたしたちの人生に同伴し、生を満たしている「二つの存在」の近しさと、偉大さです。

この「対比」が霊的な省察のきっかけとなるだけでなく、具体的かつ社会的なインスピレーションになりうる、という特別な野心も実はもっています。次の福音箇所が教えるように、「体」は「服」以上であることを忘れることはできません。「だから、言っておく。自分のいのちのことで何を食べようか何を飲もうかと、また自分の体のことで何を着ようかと思い悩むな。いのちは食べ物よりも大切であり、体は衣服よりも大切ではないか」(マタイ6・25)。しかし一方で、「ルイス・グイド・カルリ誌」の編集長ジョヴァンニ・ロ・ストルトが、わたしたちの雑誌の「聖フランシスコの僧衣《トナカ》についての特集」に寄稿した記事「様式とはその人のこと」で述べているように、「人間の男女が、服装を通じて自らの世にあるあり方を表さなかった、またはそれを呼び起こさなかった時代はない」という事実を無視することはできません。

イエスとフランシスコは、人類史上、それぞれが「分岐点」をしるしました。この稀有《けう》な二人が着た衣について、その価値や意義を問うことは、現在生きるわたしたちにとって大切なことではないでしょうか。それとともに、今、おそらくかつてなかったほど、キリストのメッセージとフランシスコのメッセージの重要性を認識することが緊急に求められています。もう一度デ・マージ教授の明快なことばに耳を傾けると、アッシジの聖フランシスコ大聖堂に保管されている聖者の僧衣《トナカ》は、聖フランシスコが思い描き、そのとおりに生きた「教義」のすべてであることが見えてきます。デ・マージは、《sanfrancescopatronoditalia.it》に投稿した記事でこう言っています。「一枚の布を裁断してできた衣ではなく、継ぎ当て布のコラージュ、パッチワークであり、それはフランシスコの反消費主義、彼が非物質的な必要性を満たすことを優先していた証である」。

「わたしたちは皆、貧しくあるよう、自我を脱ぎ捨てるよう呼ばれています。そのためには貧しい人々と共にいて、必要な物さえ持たない人々と分かち合い、そのようにしてキリストの〝肉〟に触れることを学ばなければなりません！　キリスト者とは、〝貧しい人々〟ということばで口を満たす者ではありません、いいえ！　かれらに出会い、その目を見、触れる者たちです」。教皇フランシスコは二〇一三年十月四日、歴史的な初めてのアッシジ訪問で、このような説得力のあるスピーチをしました。

「生を織りなすもの」、そのあらゆる襞《ひだ》に触れることの重要さです。貧しさに、辱《はずかし》めに、そしてパンデミックの時代には病に、孤独に、絶望に。イエスとフランシスコが「自らを脱ぎ捨てた者」であることに甘んじたように。そして、かれらのおかげで、希望と信仰を再び着て、最後には出発点に戻ること。「わたしたちの交わりは、御父と御子イエス・キリストとの交わりです。わたしたちがこれらのことを書くのは、わたしたちの喜びが満ちあふれるようになるためです」（一ヨハネ１・３〜４）。

わたしたちの前に偉大な歩みが広がります……少なくともわたしのため、そしてあなたがたのために、そう願います。「しぐさ、振る舞い、手を使うこと」の重要性。神学者ピエランジェロ・セクエーリが言うように、「振る舞いの神学」を再発見すること。

わたしたちは、触る人、踊る人、握手する人、愛撫《あいぶ》しようとする人、ときには、自らを差し出す人を、信用しない傾向があります。「身体性」を怪訝視《けげんし》し、聖性や祈りとの関係を「頭」にゆだねます。しかし福音は心の問題であり、聖衣《トゥニカ》と共に、そして僧衣《トナカ》と共に、またわたししたちの歩みと共にあります。

確かにイエスは福音でこう言っています。「わたしを見たから信じたのか。見ないのに信じる人は、幸いである」（ヨハネ20・29）。しかし誤った解釈によって、目を象徴とする「身体性」を二義的なものとし、「見ないのに信じる」抽象性のほうを優先させてしまいました。

イエスは見えないものを信じる信仰を聖性への道としましたが、それは最終点であって、重要なのは見て、体験し、触れることです。

イエスは使徒たちに「見られる」ようにしました。トマスに見なくても信じるように強いるのではなく、弟子のもとに戻ってきて、彼に自らを触れさせました。

このように、主の弟子であるフランシスコはわたしたちを「しぐさ、振る舞い、手を使うこと」へと招きます。トンマーゾ・ダ・チェラーノはこう言っていませんでしたか？　アッシジの人フランシスコは、「〝祈る人〟というよりは、彼自身が〝生きた祈り〟になっていた(1)」。

聖衣《トゥニカ》と僧衣《トナカ》は、「しぐさ、振る舞い、手を使うこと」の霊性の素晴らしさを代表しています。一人の生徒が「教皇フランシスコ好きだよ。だって彼が言ったことは〝見える〟から」と言ったと、ある教師がわたしに打ち明けてくれたことが思い出されます。

Ⅱ

二つの衣の歴史と語源
トゥニカ（tunica）とトナカ（tonaca）

主なる神は、アダムと女に皮の衣（トゥニカ）を作って着せられた。
創世記（3・21）

ある用語の意味を探すには、その「起源」に遡る以上によい方法はありません。わたしたちは今、エデンの園にいます。神はそこに「自らの似姿」として造られた、男女の「人間」を置きました。かれらは裸で、それを恥じることはありませんでした。それから、蛇《へび》、善悪を知る樹、原罪が……。アダムとエヴァが禁じられた果実を食べると、「二人の目は開け、自分たちが裸であることを知り、二人はいちじくの葉をつづり合わせ、腰を覆うものとした」（創世記3・7）。その「堕落」のとき、人間の本性と神の本性が切り離されました。しかし創造主は自ら造ったものを見捨てることなく、その憐れみで包みます。「主なる神は、アダムと女に（男とその妻に）皮の衣（トゥニカ）を作って着せた」（3・21）。人間が作った腰ひもでは十分ではなかったので、神のマント、最初のトゥニカが登場します。それは罪の結果を象徴するものではありますが、楽園の外でこれからの生活の伴《とも》をしてくれる、繕いと憐れみの抱擁となる新しい服です。

この「繕いの抱擁」は、アダムとエヴァだけではなく、わたしたち皆も包んでくれます。「アダム」はヘブライ語で「人」または「土から生まれた者」という意味ですが、聖アウグスティヌスの解釈では、「全宇宙」を意味します。実際、ギリシア語の四つの文字――A，D，A，M――は四方位基点（東西南北）と同じで、(2) わたしたちの歩みを指し示す、最初の羅針盤です。

このようにトゥニカは創世記の時代から長い時の流れをとおして人類の伴をしてきた服です。あちこち探してみたら、辞書が助けになりました。そこには「トゥニカ」は「古代民族独特の男性用・女性用の服装」(3) とあります。マルクス・テレンティウス・ウァッロによると、(4)「トーガ（toga）」ということばが「覆う」という意味の「tegere, tegendo」から派生している一方、「トゥニカ（tunica）」は、守るという意味の動詞「tuere」からきています。たとえば「体を守るためのトゥニカ」のように。この「守る」という意味から、「網膜、果実の皮などもトゥニカと呼ばれる」そうです。[5] 事実、解剖学でも「膜」、「凹状の臓器の中央（動脈、胃）」、または、「他の臓器を包むもの（膣膜、睾丸の白膜）」についても、トゥニカ（tunica）が頻繁に用いられています。[6]

外部からくる、悪天候や腐敗から守るための覆い。

物、臓器を、全人類を、そしてわたしたちの魂を覆う、神の抱擁が思い起こされます。

それではここで、今わたしたちにとって興味深い「衣服」としての定義に戻りましょう。「古代人が着ていた長袖の長衣」。これはガエターノ・モローニが『歴史的―教会論的大事典』[7]で述べている定義です。つまり、エジプト人、フェニキア人、ユダヤ人、エトルリア人、古代ローマ人などに特有の服装で、さまざまな社会層で着られていました。「主人たち」にとっては家で過ごすための普段着、下層庶民にとっては「一張羅」で、『イタリア百科事典』によると、「下層階級の者たちの服。そこから、かれらはトゥニカを着た民衆と呼ばれていた」[8]。変わるのは細部で、形や布地が違いました。「長いものもあり、細いものもあり、それを着る者のステータスによって羊毛や麻など、生地も変化した」[9]のです。一方モローニは、ある一つの衣服について、分かりやすく美しい表現で全体を説明しています。それを読むと、その服が目に浮かぶようです。

肌の上に直接着る服で、男女ともが身につけていた。すべての古代民族の間で用いられていたが、民族によっては袖付きのもの、袖なしのものがあった。袖付きの場合はゆったりとしていて、袖なしの場合は細めに作られていた。

それから生地についてもモローニは説明しています。

通常は二枚からなる四辺形。一枚は胸を、もう一枚は背の部分を覆った。両方とも肩上部の端のところで縫い合わされて、縫われていない真ん中から頭をとおした。二枚は脇の下で縫い合わされ、下にいくにつれて広くなっていた。男女の服には目立つほどの大きな違いがあった。

そして最後に、仕上げの要素です。

トゥニカは帯ひもで締められ、手足は自由に動かせた。帯ひもは外出するときにだけ締め、家ではしていなかった。(10)

中世でも「トゥニカは甲冑の下に着るのに広く使われており、その場合は細長だった(11)」。近代から現代までについては「執政官時代には一時期、女性用のエレガントな服として登場した。一八七〇年と一九一一年に再び姿を見せる(12)」。しかし、古代ローマ時代、西暦三十三年に遡ると、そこに、聖書の決定的分岐点で、特別なトゥニカが主役として現れます。ゴルゴタの丘、キリストの十字架を真ん中に、三つの十字架がすでに立てられています。

兵士たちは、イエスを十字架につけてから、その服を取り、四つに分け、各自に一つずつ渡るようにした。トゥニカも取ってみたが、それには縫い目がなく、上から下まで一枚織りであった。そこで、「これは裂かないで、誰のものになるか、くじ引きで決めよう」と話し合った。それは、「かれらはわたしの服を分け合い、わたしの衣服のことでくじを引いた」という聖書のことばが実現するためであった。兵士たちはこのとおりにしたのである（ヨハネ19・23〜24）。

イエスの聖衣《トゥニカ》は、福音記者ヨハネが証言するように、「縫い目がなく、上から下まで一枚織りであった」。「キリストのこの服」については数ページ後に詳しく述べますが、今は、「もう一つの目的である一着の服」を分析するために、十字架のイメージを参考にしましょう。トゥニカから直接派生したトナカのことです。

さまざまな資料に戻り、前掲辞書にもう一度目をとおしてみると、「ゆったりとした長衣で、造形されていなく、修道士や修道女の服にあるように、ウエストの部分をひもまたは帯で締めた服」(13)という説明が出てきます。司祭服・修道服は、修道生活全般を表すことばとしても用いられます。たとえば、「僧衣《トナカ》を着る＝修道生活に入る」という言い方があるほどです。

とりわけ「麻」の生地は宗教的なものとされてきました。そのようになったのは、「初期キリスト教のはじめころ、使徒ヤコブがいつも麻の服を着ていて、それは祭司服であったから」(14)です。

次に、またしてもモローニが次のように説明してわたしたちの探求の手助けをしてくれます。僧衣《トナカ》は十字架の形をしているため、「聖職者たるものは十字架のイエスを模範としなければならず、その服の長さは良いわざを最後までやりぬくことを意味している」。

そのような服の有用性について、ほかにも見事に読み解いた人がいます。

「隠遁修道士は、〝聖職者相応の禁欲的たたずまい〟の必要性を満たす服、ゆったりとして風格があり、上から下までつながっていることで彫刻のような襞《ひだ》ができる服、上半身も下半身もまったく自由にし、自らの身体を気にしないですむ服を発明した。隠遁修道士は豊かな内面性をもつ一方、身体はたいへん汚れていた。そして、そのような服の貴い装いで守られているゆえに体は解放され、自由に考え、自らを忘れることができたのだ[15]」。

これはウンベルト・エーコが一九七六年に書いた記事の抜粋です。この場合は隠遁修道士の僧衣《トナカ》のことですが、「人を縛らない」ゆえに、霊性にとって良い道具となる服について述べています。こうなるとよく知られていることわざ「修道服を着ているからと言って修道士とは言えない」の反対で、「修道服が、修道士にさせる！」ことになります。

隠遁修道士ではなく、一人の兄弟修道士、最初の「兄弟修道士」が輝かしい霊性の模範となりました。「世に一つの太陽が生まれた[16]」とダンテがうたっていますが、彼は数行の詩でフランシスコの深い霊性をとらえることができました。アッシジの聖者を回心へと導いた最初の振る舞いの一つが、キリストのメッセージ、イエスのいけにえの模範を全面的に抱きしめるために、「俗世界の」服を脱ぎ捨てることだったのは、偶然でしょうか。善をおこなう道を守り抜くことにおいて少なくとも革命的であった、神の人フランシスコ。わたしたちの道を照らしてくれる、以前わたしが別の著書で「反逆児[17]」と呼んだあのフランシスコ。自分と仲間たちからはじめて、教会全体に貧しさと素朴さを熱心に勧めた反逆児フランシスコ。

紀元二世紀の皇帝・哲学者マルクス・アウレリウスは、その『自省録』で、人は「自らの内奥を掘り下げなければならない」ことを思い出させてくれます。ソクラテスと聖アウグスティヌスのことば、「自らを知れ」と「神よ、あなたをわたしの外に探していたが、あなたはわたしの内におられた」が、わたしたちの心にも響き渡ります。わたしたちは大旅行をすることはできても、自分の内面から離れるあの数センチの距離を乗り越えることができません。フランシスコはその数センチを渡りました。

日々のしぐさから、魂の内奥の深みまで、身にまとう衣をとおして……。

従順を約束した兄弟修道士たちには、頭巾のついた僧衣《トナカ》を一着だけと、必要ならば頭巾なしのもう一着の僧衣《トナカ》、それに腰ひもとズボンが与えられるように。(18)

トンマーゾ・ダ・チェラーノによると、この規則には、余分なものを脱ぎ捨てるようにとの勧めが込められています。「単純で阿呆《あほう》な人間」と自称するフランシスコが、(この身支度に) 罪びとであることの本性を注ぎ込んだのではないかと感じられます。(19) これが、「フランシスカン原典資料」の中で最初に「トナカ」ということばが出てくる箇所です。(20)

罪を覆うために、人間に与えられた服。十字架上で神の子から取り上げられ、くじにかけられた服。一つの召命の証である服。イエスにもっとも近い後継者である聖フランシスコにとっ

て、「至聖なる貧しさ」という普遍のメッセージを自らの肉に具現化させるものなのです。(21)

この貧しさは欠乏への道ではなく、解放への道。わたしたちの存在のあるべき姿を実現するものです。本書をとおして、わたしたちが「自分自身になる道」を歩んでいけるよう切に願います。ジャン・ジョノのことばが思い出されます。

あなたから奪おうとしているのは、風、雨、雪、太陽、山々、川、森、人間の真の豊かさ！　すべてはあなたのためにあるのだ。隠れた静脈の中、あなたは、すべてのために創造されたのだ。死が訪れるとき、不服を言うな。あたりまえの「継続」なのだから。ただ、全力で、豊かな者であるよう努めよ。すべての瞬間、あなたがあなたになるように！

真の豊かさとは何かを生涯かけて探し求めた人の声です。一九三七年に書かれた次のことばも、その深い預言性を少しも失っていません。

幸せになろうと欲するまえに、金銭の上に築かれる社会を壊せ。所有は人間にとっては光栄かもしれないが、それはその所有物に努力する価値がある場合だけだ。君に提供される物は、努力するに値しない。わたしたちの時代は不確かで安定せず、むなしく揺れ動いているとことに君はすぐに気づくだろう。あまりにも多くの人があたりまえの喜びを奪われている。すべてを。もっとも豊かな者は富まず、貧しくあり続ける。未来の世代のために犠牲を払えとは言わない。そのような言い方は現世代をだますことになるからだ。君に言う。正しいと思う社会は、君がつくれ。「正しい社会」は、この世にやってくるために、君の小さなひと押しだけを必要としているのだ。(22)

このことば、そしてフランシスコ的貧しさが真実であることとは、所有を追い続けると、結局は自分であること、自分を生きることができなくなるので分かります。「イエスの聖衣《トゥニカ》とフランシスコの僧衣《トナカ》」は、わたしたちが愛の泉になれるように、歩んでいく「道」ではないでしょうか。

Ⅲ　イエスの「聖衣《トゥニカ》」を探して

火の後に、静かにささやく声が聞こえた。
それを聞くと、エリヤは外套で顔を覆い、
出てきて、洞穴の入り口に立った。
列王記上（19・12〜13）

ここまで見てきたように、最初にトゥニカを着たのはアダムとエヴァでした。しかしエデンの園からゴルゴタの十字架まで聖書を追っていくと、他にもトゥニカまたは動物の皮でできた服に何度も出合います。創世記でも、ヤコブの息子ヨセフのトゥニカが出てきます。「イスラエルは、ヨセフが年寄り子であったので、どの息子よりもかわいがり、彼には裾の長い晴れ着（トゥニカ）を作ってやった」（創世記37・3）。

他のエピソードについては、アン・レキュが最近出した著書『あなたはわたしの恥を覆った』で詳しく説明されています。旧約聖書では、ヤコブの腕を覆うために子山羊の毛皮が使われ、この「策略」のおかげで彼は兄弟エサウの代わりに、すでに目が見えず、死に瀕した父イサクの祝福を受けます（創世記27）。神がモーセに命じて作らせた聖なる幕屋は、山羊の毛と雄羊の毛皮でできた幕で覆われ、そこに「律法の板」を入れた契約の箱が置かれました。列王記上では、神のもとに行く預言者エリヤの顔を覆うためにマントが使われました。なぜなら「神を見るためには目を閉じなければならず、十字架の前でのみ目を開けることができる」と知っていたからです。(24) 動物の皮でできた服を最後に見ることができるのは今度は新約聖書で、洗礼者ヨハネが着ている服です。マルコとマタイ福音書によると、彼はラクダの皮でできた服を着て、腰には皮の帯をしていました。

(23)

ルカ福音書には、洗礼者ヨハネとイエスの生における、両者がまだ誕生しないころの伝説的なエピソードが記されています。ヨハネの母エリサベトはおとめマリアの訪問を受けます。マリアが来たとき、エリサベトの胎内の子はおどり、母を聖霊で満たします。このエピソードについて、ユージェン・ドレーマンは一九八五年の説教で、原始キリスト教を思い起こさせる解釈をしています。すなわち、洗礼者ヨハネは自らを、そのおこないをとおしてキリストの到来を準備する者として認識していたのです。

洗礼者ヨハネとイエスは内的につながっていた。ヨハネが、いわば自らの「誕生前に」大喜びでイエスを迎えたというこの驚異的なエピソードは、「魂の体験」であった。実際、洗礼者ヨハネとイエスは、わたしたちが人間であるという問題へのこたえとして、まったく異なる方法での「受肉」であった。両者とも、わたしたちの生き方は人間らしい生き方ではなく、ここから少しでも神に近づくためには「すべてが変わらなければならない」ことを示唆している。(25)

このエピソードの約三十年後、「証人の引き継ぎ」が起きます。イエスが来たことで、聖書の中では、誰も「動物の皮を着る」必要がなくなるのです。

「これはわたしの愛する子、わたしの心に適《かな》う者」（マタイ3・17）。神がその憐れみによって最初の人間たちに「衣」を作ったように、キリストはわたしたちのために「衣」となり、彼自身がわたしたちの守りとなります。父の憐れみ（misericordia）から、子の憐れみへ。ラテン語では、「ミゼレオ（misereo）」は「憐れみを持つ」という意味、「コール・コルディス（cor-cordis）」は「心」です。「憐れみ」は他者の「窮乏、惨めさ（miseria）」がわたしたちの心の「弦（corde）」に触れるという意味です。

二〇一五年十二月八日、「いつくしみの特別聖年」を布告するにあたって、教皇フランシスコは「イエス・キリストは、御父のいつくしみの御顔」であることを思い起こさせてくれました。「わたしたちの救いの条件」であり、「神がわたしたちに会いにこられる最後の窮極のわざ」である「いつくしみ」の神秘。

インスピレーションと希望の源となる、教皇ベルゴリオ（フランシスコ）のこの（聖年布告の）大勅書を再読するとき、常に感動を覚えます。とりわけ左記の箇所の力強さは印象的です。

教会の第一の真理は、キリストの愛です。赦しと自己犠牲にまで達するこの愛に、教会は仕え、人々の間で仲介者になります。したがって、教会があるところ、御父の憐れみが明らかに顕《あらわ》れなければなりません。わたしたちの小教区、共同体、グループ、運動……つまりどこであっても、キリスト者がいるところ、憐れみの小さなオアシスでなければなりません。

いと高き方の清さから、日々の素朴な営みまで。教皇フランシスコの在位期間における力強さは、ここにあります。すなわち全能の神の教えと底辺の人々の窮乏・惨めさを受け入れ、「近代社会が痛ましくも生み出す、さまざまな人間存在の〝街外れ〟に」、神と御子のことばを運ぶこと。憐れみこそが最後の救済の道であり、人間が神とのもっとも内的で真の結びつきを見いだすために歩まなければならない道なのです。なぜならそれは、自らの罪という限界を超えて、「永遠に愛される希望に心を開く」(26)からです。

このような深いことばを読むと、アッシジのフランシスコが「ある上長への手紙」に記したことばが心に響きます。具体的なおこないだけでなく、その姿勢、内的傾向も含む「憐れみ深い赦し」とは何かを探求する短い文ですが、その洞察は深く、フランシスコの人間性と感受性、彼の強さと自由さが率直に明かされています。管区長宛に書かれた文章（総長のフラーテ・エリーア宛だったかもしれません）からは、信仰の歩みを共にする者に対して内なる「隣人」であろうとしたフランシスコの心が推察されます。「ある上長への手紙」は、「憐れみ（misericordia）に関する最初の回勅」と言えるかもしれません。

あなたがこのようにおこなうことで、あなたが主を愛し、そのしもべでありあなたのしもべでもあるわたしを愛していることを、わたし自身、知るでしょう。つまり、あらゆる大罪を犯したこの世のいかなる修道士であっても、あなたに会ったとき、あなたの憐れみ深い赦しなしで立ち去ることのないように。もしあなたに赦しを請わなかったら、あなたのほうから赦しを得たいかどうか尋ねなさい。その後、あなたの面前でその者が千回罪を犯したとしても、そのために、わたし以上に彼を愛しなさい。それはあなたがその者を主に引き寄せるためです。そのような兄弟修道士を常にいつくしみなさい(27)。

「この方の服（マント）に触れさえすれば治してもらえる」（マタイ9・21）。イエスへの信仰はわたしたちを救います。十二年前から出血が続いている女にそれが起こったと、マタイはその福音書で語っています。女はイエスの背後から近づき、彼のマントの裾に触れます。振り返ったイエスは「娘よ、元気になりなさい（勇気を出しなさい）。あなたの信仰があなたを救った」と言います。

しかし、その「救いの服」はおそらく、ヨハネが言う「くじで引いた」あの聖衣《トゥニカ》とは違うでしょう。「縫い目のない」服は、『歴史的—教会論的大事典』でモローニが説明している、救い主が「いつも内側に着ていた長い服」でした(28)。「内側に」、すなわち他の服の下に、という意味です。一方、兵士たちが十字架の下で分け合った服を含め、イエスが他にも異なる服を着ていたであろうことは、四福音書に断片的に見られる証言からも想像できます。

わたしたちが知っているのは、イエスはサンダルを履いていたことです。少なくとも、洗礼者ヨハネがイエスの洗礼の前に言ったことばから想像できます。「わたしは、悔い改めに導くために、あなたたちに水で洗礼を授けているが、わたしの後から来る方は、わたしよりも優れておられる。わたしは、その履物（サンダル）をお脱がせする値打ちもない。その方は、聖霊と火であなたたちに洗礼をお授けになる」（マタイ3・11）。洗礼者ヨハネは、地上に聖性と浄めをもたらす方、人々の救いのために自らを犠牲にする方と、自らを比較できないと感じていました。

イエスが着ていたマント、外套、肩掛けのようなものと、信仰による救い（癒やし）の効果については、数行前に書きました。「村でも町でも里でも、イエスが入っていかれると、病人を広場に置き、せめてその服の裾にでも触れさせてほしいと願った。触れた者は皆、癒やされた」（マルコ6・56）。どのようなタイプの服だったかは、確かではありません。しかし、もしかしてユダヤ人の「祈りのための聖なるマント、タリト（tallit）」ではなかったかと想像できます。

受難のとき、愚弄するためにイエスに着せた、他の服も存在します。「兵士たちは、官邸、すなわち総督官邸の中に、イエスを引いていき、部隊の全員を呼び集めた。そして、イエスに紫（porpora）の服を着せ、茨《いばら》の冠を編んでかぶらせた」（マルコ15・16〜17）。そして侮辱したあげく、紫の服を脱がせて元の服を着せ、「そして、十字架につけるために外へ引き出した」（マルコ15・20）。同じエピソードがマタイによって、より直接的な、残酷な表現で記されています。

それから、総督の兵士たちは、イエスを総督官邸に連れていき、部隊の全員をイエスの周りに集めた。そして、イエスの着ている物をはぎ取り、赤いマントを着せ、茨で冠を編んで頭にのせ、また、右手に葦の棒を持たせて、その前にひざまずき、「ユダヤ人の王、万歳」と言って、侮辱した。また、唾を吐きかけ、葦の棒を取り上げて頭をたたき続けた。このようにイエスを侮辱したあげく、マントを脱がせて元の服を着せ、十字架につけるために引いていった（マタイ27・27〜31）。

十字架の上でキリストは「裸」でいます。ヨハネによる詳しい説明が思い起こされます。兵士たちが四つに分けて取り合った服と、くじで引いた、あの上から下まで織られた縫い目のない聖衣《トゥニカ》。この場面をテーマにした多くの作品が美術史にはありますが、十字架にかけられたイエスの腰には布が巻かれています。しかし実際には、これはケノーシスの最後の章となる、キリストの「脱衣」であり、聖パウロの「フィリピの信徒への手紙」のことばがそれを理解する助けになります。

キリストは、神の身分でありながら、神と等しい者であることに固執しようとは思わず、かえって自分を無にして、しもべの身分になり、人間と同じ者になられました。人間の姿で現れ、へりくだって、死にいたるまで、それも十字架の死にいたるまで従順でした（フィリピ2・6〜8）。

教皇ヨハネ・パウロ二世もこのことば「脱衣」の意味を理解させてくれます。

「神 である 子」は「人間の本性」すなわち「人間性」を受け、神のままでありながら、真の人間になりました！ 「人間キリスト」についての真実は常に「神 である 子」との関係の中に位置づけられなければなりません。パウロの文面は、この恒久的な関連性を指摘しています。「自分を裸にし（自分を無にして）」というのは、神であることをやめたのでは決してありません。さもなかったら不合理ではありませんか！ むしろ、使徒パウロがはっきりと説明するように「神と等しい者であることに固執しようとは思わず」、「神の本性であるにもかかわらず」、真の「神 である 子」として、苦しみと死の支配下にある、栄光の欠如した人間の本性を引き受け、その内部から、究極の犠牲にいたるまで父への従順を生きたのです[29]。

引き裂かれずに、サイコロで賭けに勝った一人の兵士のものとなった、十字架の下の聖衣《トゥニカ》。モローニの辞書によると、伝説では「聖母マリアが織った」[30]とされるその聖衣《トゥニカ》。神の肉体が成長するまま奇跡的に大きくなったため、「縫い目のない」服。イエス以外の誰のものでもない「不思議な」服。キリストが「脱ぎ捨て」、わたしたち一人ひとりに自らを犠牲としてささげたために、全人類のものとなった服。

「イエスは〝成し遂げられた〟と言い、頭を垂れて息を引き取られた〝霊を引き渡した〟」（ヨハネ19・30）。キリストは、父の意思を成し遂げ、自らの息（霊）を引き渡します。レキュの著書から引用し、ここに紹介します。

そしてイエスは眠りにつきます。言い伝えによると、世界のはじめからずっと待っていた者たち一人ひとりを解放するために、黄泉《よみ》の国に降りた、とされています。誰もが聖なる者、罪のない者として御父の前に進み出ることができるよう、黄泉の国でイエスが一人ひとりに自分の聖衣《トゥニカ》を与えた、とわたしは想像したいです(31)。

黄泉の国で待ち続けた人々の世話をし、自らの聖衣《トゥニカ》でかれらを覆うイエスの姿は感動的です。神の憐れみの至高のしるしを顕《あらわ》しています。イエスは父に「息・霊」を引き渡しますが、ほかのすべての者には、その罪にもかかわらず、自らの聖衣《トゥニカ》をあげます。人類を罪から救い出すために。

ゴルゴタに一瞬戻りましょう。キリストの最期における残酷さに関しては、この出来事の数十年前にキケロが著書『プロ・ラビリオ』で、「恥ずべき」刑として取り上げているので、読んでみましょう。

刑罰を受け、汚名の刻印を身に受けるのは不幸だ。財産の没収も不幸なことだ。流刑も不幸なことだ。しかしこれらすべての不幸には少なくとも常に一部の自由が残されている。最後に、死刑を宣告される場合だが、少なくとも自由人として死ぬことができる。死刑執行人は頭を覆い隠し、ローマ市民である者、かれらの思い、その目、その耳には十字架という名は存在しない。かくなる拷問（十字架）については、効果と執行のみでなく、その特徴、その形、単なるその名でさえ、ローマ市民と自由人にとっては耐え難い屈辱だ(32)。

「ローマ市民と自由人」にとっては屈辱的な最期が、わたしたちの救い主イエスの最期でした。宗教美術の中で、十字架の場面はもっとも多く描かれています。その優れた例の一つはおそらく、「ジョットの芸術が完璧の域に達した」とフィリッペ・ダヴェーリオが言う、パドヴァのスクロヴェーニ礼拝堂にあります。しかし、フランシスカン（フランシスコ会修道士）であるわたしの心に響くもう一つのフレスコ画があるので、紹介しましょう。作者はやはりジョットで、アッシジの聖フランシスコ大聖堂・下教会にあります。ダヴェーリオによると、このアッシジにある一連のジョットのフレスコ画には、人間にとって原初からの二つのもっとも深い感情である、苦しみと喜びの涙が、はじめて同時に描かれているとのことです。

十字架の下には、マルコとマタイの福音書に出てくる人物たちのほかに、五人のフランシスコ会修道士がひざまずいていて、そのうちの三人の顔が見えます。血を流しているキリストの足に接吻するマグダラのマリアの向かい側、十字架のすぐそばにいる人物はフランシスコです。手を広げ、キリストを見つめて礼拝しています。イエスの受難とカルワリオを象徴的に自らの内に受け入れているようです。フランシスコは十字架から信仰の「証」を受けます。キリストは、もっとも近い弟子であるフランシスコにも救いの衣を残します。そしてそれを着る責任、それを生きる責任を。

聖衣《トゥニカ》から僧衣《トナカ》へ。憐れみの服は、それを身につける新しい人、フランシスコを見いだします。イエスをのぞく誰よりも裸になって、それを着た者。

Ⅳ

フランシスコの僧衣《トナカ》を探して

この生き方をはじめるために集まってきた者たちは、所有するすべての物を貧しい人々に分け与えた。かれらは表も裏も繕われた僧衣《トナカ》を一着と、望めば腰ひもとズボンを持つことで満足していた。われわれは、ほかには何もいらなかった。

アッシジのフランシスコ『遺言』FF117

フランシスコの回心の歩みで決定的瞬間だったと言えるのは「裸になった、服を脱ぎ捨てた」ときでした。「司教の前にやってくると、フランシスコはなんら迷いもなく、ひと言も言わず、司教からのことばも待たず、着ている服をすべて地面に投げ捨て、父親に返した。パンツさえ残さず、皆の前で裸になった(33)」。

二〇一三年、はじめて一人の教皇が聖者の人生の通過点となった場所、アッシジの司教館

「脱衣の間」を訪れました。そのエピソードの主人公と同じ名前の教皇フランシスコです。このときベルゴリオ（教皇フランシスコ）は「脱衣、裸になること」の意義を説明しました。

あの振る舞いによってフランシスコは自らの選択をしました。貧しくある、という選択です。社会的またはイデオロギー的な選択ではありませんでした。イエスのようにありたい、という選択でした。イエスをまね、徹底的にその後を追う、という選択でした。イエスは、自らの栄光を脱ぎ捨てる神……。フランシスコは自らの主であるイエスの後を追うために、彼のようでありたいと、すべてを、世俗的な生き方を、自分自身を、脱ぎ捨てました(34)。

イエスのように、フランシスコも服を脱ぎ、自らの衣服と「世俗的生活」を捨てます。アッシジの聖者の霊性の歩みに関しては、三つの時期が見られます。青春期、隠遁生活期、修道生活期。この進化をたどっていくと、その衣服にも変化が見られます。これからの章で詳しく述べることにします。

フランシスコはキリストを受け入れ、その跡を忠実に追います。身につける服は僧衣《トナカ》。生地が柔らかすぎると思えば快適さをなくすよう「細い綱」で織らせ、自らの主であるイエスの苦しみと聖性により近づこうとしました。「悪魔は〝厳しさ、剛《かた》さ〟の前では恐れ、柔らかさや繊細さの前ではより大胆に誘惑する力を帯びることを、実体験をとおして学んでいた」[35]のです。自らの文書の中で聖フランシスコは「トナカ」ということばを、単数複数含めて、五回使っています。最初の二回は、第Ⅱ章で見たように、「勅書のない会則」にあります。この文書は、何年もかけてフランシスコと兄弟修道士たちによって書かれ、一二二一年に完成しましたが、教皇の認可を得ることはありませんでした。

「修道院長は彼に一年間〝試しの服〟を与えるように。つまり頭巾なしの僧衣《トナカ》を二着」[36]。その数行あとで、単数形で「従順を誓った他の修道士には、頭巾のついた僧衣《トナカ》を一着だけと、必要ならば頭巾なしのもう一着の僧衣《トナカ》、それに腰ひもとズボンが与えられるように」[37]。

同じような規則は一二二三年にホノリウス三世によって認可され、現在も効力をもつ「勅書によって裁可された会則」にもあります。「すでに従順を誓った者たちは、頭巾のついた僧衣《トナカ》を一着と、必要ならば頭巾なしのもう一着の僧衣《トナカ》が与えられるように」。「なお、必要のある者たちは」と、フランシスコ会会則は次のように定めています。

履物も着用してよい。そしてすべての兄弟修道士は粗末な服を身につけ、神の祝福のもと、荷袋用粗布やその他の生地でそれを繕うことができる。しかし、派手な柔らかい服を着て、上等な食べ物や飲み物をとっている者たちを軽蔑したり裁いたりしないよう、むし

ろおのおのは自分自身をないがしろにするよう、勧告し、激励する。(38)

一着の僧衣《トナカ》、最高でも二着、必要な場合のみ履物。荷袋用粗布で繕った粗末な服。小さき兄弟フランシスコ会の倫理と美学が少ないことばで語られています。そして同時に、素朴さと清貧の道を選択しない人々を軽蔑しないよう、勧めています。

第四の引用は本章のはじめにある一二二六年の「遺言」からです。この文書をフランシスコは次のように説明しています。「兄弟修道士たちはこう言わないように。〝これは、もう一つの会則だ〟と。なぜなら、これはわたし、ちっぽけな兄弟フランシスコから君たち祝福された兄弟への、思い出、勧告、励ましであり、わたしの遺言だからだ」(39)。この遺言、思い出、勧告、励ましにおける僧衣《トナカ》に関する部分はこうです。「この生き方をはじめるためにやってきた者たちは、手に入れることのできた物すべてを貧しい人々に分け与え、表も裏も繕われた一着の僧衣《トナカ》と、腰ひもとズボンだけで満足していた」。そしてこのように締めくくられていました。「わたしたちは他には何も望まなかった」。

フランシスコの「遺言」のこの箇所にあるいくつかの用語に注意してみましょう。「この生き方をはじめる」とは、フランシスカンの「小ささの道を選ぶ」こと。その裏には生き方の転換点が隠されていることをわたしたちに気づかせます。手に入れることのできる「すべてを、貧しい人々に配る」とは、この歩みの方向性を示し、「底辺の人々」に自らをささげることです。ここでも、フランシスコという名を自ら選択した、教皇ベルゴリオのことばが聞こえてきます。「ああ、貧しい人々のための貧しい教会であって欲しい！」[40] 隣人と神、そして神の子キリストの教えとあふれんばかりに調和した生き方としての「清貧の追求」の源をここに見ることができます。裸になり、貧しい人々に、貧しい人々のために、身をささげることを決意し、継ぎはぎだらけの一着の僧衣《トナカ》で満足する者たちのはじめた「この生き方」は、心の満足へと導く道なのです。「（かれらは）満足していた」。内なる平和への道であり、「わたしたちは他には何も望まなかった」と、それを実感していました。余分なものを脱ぎ捨て、必要不可欠な最小限で満足し、真に必要なもの以外には何も望まないと決めていました。

フランシスコとフラーテ・レオーネの対話、「完璧な喜び」にも「僧衣《トナカ》」が出てきます。これは聖フランシスコの書き残した文書ではなく、他の者がフランシスコの身に起きたエピソードを書き記したものです。エッサー・カエタンが「オプスコラ・ディクタータ」と呼ばれる冊子にそれを載せています。その話はこうはじまります。

使者がやってきて、パリの学者たちが皆フランシスコ会に入会したと告げる。書いてくれ（フラーテ・レオーネに向かって）、それはまことの喜びではない。アルプスの向こうの国々のすべての高位聖職者、大司教、司教、いやそれだけではない、フランス国王とイギリス国王も入会したという知らせが届く。書いてくれ、それはまことの喜びではない。まだほかにも知らせが入ってくる。わが修道士たちが異教徒たちのところに行き、全員を回心させて信仰に入らせた、あるいは、わたしが病人を癒やしたり、たくさんの奇跡をおこなうほどの素晴らしい恵みを神から受けた、という知らせだ。だが君に言う、ここにも、まことの喜びはない。

「それでは、何が真の喜びなのですか」と兄弟レオーネは尋ねます。そこでフランシスコは輝かしい逸話を語りはじめます。

こうだ。わたしは真夜中にペルージャから帰ってくる。そしてここにたどり着く。冬で道はぬかるみ、あまりの寒さに僧衣《トナカ》の裾にはつららがつき、わたしの足を突き続ける。傷からは血が出ている。わたしは、泥にまみれ、凍えきって門に着く。玄関の扉をたたき続けていたら、やっと一人の修道士が出てきて尋ねる。「だれだ」。わたしはこたえる。「兄弟フランシスコです」。すると彼は言う。「とっとと消えろ。こんな時間に来るものではない。入れてやらぬぞ」。そして、わたしが頼み続けると、こうこたえるのだ。「消えうせろ。おまえは単純で阿呆《あほう》な人間だ。もうここに来ることはできない。われわれは大勢になったし、おまえなんかもう必要としていない」。それでもわたしは扉の前に立ち、こう言う。

「神の愛をもって、今晩だけ泊めてください」。彼はこたえる。「だめだ。十字路（ポルツィウンコラから遠くないところにあるフォンタネッレ病院）に行って頼むがいい」。さて、もしわたしがこのとき耐え忍び、動揺しなかったら、ここにまことの喜びがあり、ここに真の徳、魂の救いがあるのだ。(41)

ここにフランシスコの教えがあります。困難、拒否、肉体的な苦しみを、霊的成熟と高揚のための機会にすること。寒さ、凍えを恵みとして受け入れることができ、拒否され、罵倒され、ひどい目に遭わされても忍耐できたら、そのときこそ「まことの喜び」に達するのです。そのとき、わたしたちの魂は救われるのです。

僧衣《トナカ》はこの場合、フランシスコがイメージを創り出し、寒さや肉体的な苦しみを明らかにするために使われました。難儀きわまる状況の一つのエンブレムとしての僧衣《トナカ》。その裾にはつららがつき、ゆらゆら揺れ、足を突き、血が出るほどです。凍りついた僧衣《トナカ》はそれ自体わたしたちの困難のしるしです。指の付け根の関節が痛くなるほどの寒さを耐えているとき、温かみを与えてくれる避難所のほかに何を望むでしょうか？　しかしそのような状況下でも、わたしたちの願いが拒否される可能性があります。助けを必要としているとき、わたしたちは拒まれるかもしれません。でもそのような場合にでさえ、耐え忍び、動揺しないでいなければなりません。信仰の歩みの試練であり、まことの喜びへの道なのです。

「フランシスカン原典資料」には、他にもフランシスコの服に関する多くの記述があります。とりわけ彼や最初の仲間たちの僧衣《トナカ》について。その服とは、

なんら上品さはなく、むしろ卑しくみすぼらしいもので、世間の人にとって、それを着た者たちはまるで磔刑《たっけい》にされたように見えた。腰ひもで締め、粗野なズボンを履いていた。その他には何もつけずに、「そのままでいる」ことがかれらの聖なる意志だった。(42)

フランシスコの主要な伝記、聖ボナヴェントゥーラの『大伝記』やトンマーゾ・ダ・チェラーノの『第一、第二伝記』には僧衣《トナカ》に関する箇所が数多く見られます。フランシスコの僧衣《トナカ》は「汚れている」ことがあります。「右脇は槍で突き抜かれたようで、赤い傷あとで覆われていて、頻繁に聖なる血がにじみ出て、僧衣《トナカ》やパンツに染みとおっていた」(43)。さもなければ、切り裂かれ、ちぎられ、ひどい状態でした。

信者たちは祝福してもらおうとパンを持ってきて、それを長い間とっておいた。それを食べるとさまざまな病気が治ったからである。篤《あつ》い信心につき動かされた人たちによって、

彼の僧衣《トナカ》さえ引きちぎられることがよくあった。そのため聖者はほとんど裸になってしまった。さらに驚くべきは、尊い父が触った物が病人たちを癒やしたことだ。(44)

僧衣《トナカ》が睡眠のための唯一の寝具とされていたと記録されている箇所もあります。「どこであっても、夜泊めてもらうときは、藁《わら》や毛布など寝具は欲しがらず、僧衣《トナカ》で包んだ裸体のまま、床に身を横たえた」(45)。

そのほか、フランシスコの服が、生きとし生けるものすべての体と魂を愛撫《あいぶ》する優しいマントのようになることもありました。小鳥たちへの説教のときなど、きっとそのようだったとわたしには思えます。

このようなことを（小鳥たちに）言っていたら、小鳥たちは驚くべきしぐさで首を伸ばし翼を広げ、くちばしを開いて、フランシスコのほうをじっと見つめるのだった。彼は熱意に燃えて鳥たちの間を通り、自らの僧衣《トナカ》でかれらに触れたが、鳥たちの誰も動かないでいた。そして最後に神の人が十字を切り、祝福を与え、許可を与えると、皆、飛び立っていった。仲間たちは道端からこの光景を見ていた。仲間たちと合流すると、素朴で純粋な人は自らの「怠り」を悔いはじめた。それまで鳥たちに説教をしてこなかったからだ。(46)

僧衣《トナカ》は往々にしてフランシスコの愛他精神を表すものとなり、「困っている人にそれを分かつことを熱願していた」(47)。また、「ある日、貧しい人が施しを乞うたとき、何も持っていなかったフランシスコは自らの僧衣《トナカ》の端を切り取り、貧しい人に与えた」(48)。困っていた人にだけしたのではない。服は兄弟愛のしるしとなった。

聖性に満ちた二人のフランス人兄弟修道士があるとき、フランシスコに出会った。長い間彼に会いたいと切に願っていたので、信じがたいほど大きな喜びに満たされた。抱き合い、かぐわしいことばを交わし合ってから、フランシスコへの篤《あつ》い信仰心から、彼に僧衣《トナカ》をくれるよう願い出た。聖者はすぐに脱ぎ、裸になった。そしてそれを丁重に与えた。そして敬虔な交換として、二人のうちのより貧しい服をもらって着替えた(49)。

こうして僧衣《トナカ》はそれ自体、人間的にも霊的にも、連帯の行為、共有と兄弟愛のわざそのものになりました。

この「卑しい粗末な」服(50)に値するには、フランシスコ自身も実際に何度も体験した、厳しい生き方という試練に打ち勝たなければなりませんでした。「なぜなら僧衣《トナカ》は信仰に生きる生活のためのものであり、聖性のしるしを秘めているゆえに、欲望に満ちた人間がそれを自分の物にすることは許されない(51)」のです。

これは誘惑に落ちた自分を鞭打った聖者の、自らへの厳しい勧告でした。僧衣《トナカ》はフランシスコのこの世で過ごしたほとんどの時期の伴《とも》をし、いわば彼の「遺産」ともなっています。

トンマーゾ・ダ・チェラーノが『第二伝記』で述べている、フランシスコの人生の最期のことばについての記述を見てみましょう。

アッシジの司教館で病の床に臥《ふ》せていたとき、その兄弟修道士（レオーネ）は心の中で思った。「パードレの死が近づいている。亡くなったら、わがパードレの僧衣《トナカ》を頂くことができたらどんなにうれしいことか！」まるで心の中で思った願いが口で言ったかのように、しばらくするとフランシスコは彼を呼び、こう言った。「この僧衣《トナカ》を君にあげる。今日から君のものだ。わたしは生きている間だけ着ているから、死んだら君のものだ」。

フランシスコ会修道士であるわたしの空想を刺激することがあります。すなわち、その僧衣《トナカ》はフラーテ・レオーネだけに譲られたのではなく、フランシスコのその服は、彼のこの世からの旅立ちの後、彼の会則を胸に抱いて数世紀にわたって生きてきた、すべてのフランシスカンの生き方を体現してきたのだと思いたいのです。彼の教えに従って生きた、生きようとしてきた、すべての人々をとおして。

小さき兄弟会の最初の総会で示されたように、「僧衣《トナカ》を着る」とは、「修道士としての生き方すべて」と一致し、フランシスコの僧衣《トナカ》を着るとは、あらゆる時代の彼の弟子たちにとって、感謝、尊敬、憧れのしるしなのです。神への、隣人への、生きとし生けるものへの、イエスへの、その兄弟フランシスコへの、信仰と責任のもっとも純粋で至高の形であったし、あり続けるのです。あの汚れた、粗野な、寒い、引きちぎられ、繕われ、分割された僧衣《トナカ》、唯一の寝床であり、愛情深いマント、希望の源の僧衣《トナカ》。それ自体が信仰と永遠のインスピレーションでもある、あの僧衣《トナカ》。もっとも貧しい人々に近づき、分かち合うための僧衣《トナカ》……。

選ばれたばかりの教皇フランシスコへのフンメス枢機卿の勧めと祝福のことばは、「貧しい人々を忘れないでください」でした[52]。「貧しい人、平和の人、生きとし生けるものを愛し守る人」であるアッシジのフランシスコの名とその精神の内に、貧しい人々を忘れないための僧衣《トナカ》[53]。

さてもう一度後戻りして、イエスの服とフランシスコの服が、それぞれの時代からわれわれの時代までどのような道をたどってきたかを探る旅をはじめましょう。わたしたちを惹きつける、苦難の多い歩み。今も崇敬の念で見ることのできる聖遺物の意義を理解しなおさせてくれる、歴史、信仰、伝説の間を巡る旅でした。わたしたちがその前にひざまずき、祈りのうちにイエスの、キリストの、またその弟子、「もう一人のキリスト」と言われたフランシスコの、精神的遺産に触れることができる、二着の服。後者フランシスコは、キリストの心に、その神髄にわたしたちを連れていってくれるでしょう。[54]

V

イエスの聖衣《トゥニカ》がある場所

二人は一緒に走ったが、もう一人の弟子のほうが、ペトロより速く走って、先に墓に着いた。身をかがめて中をのぞくと、亜麻布が置いてあった。しかし、彼は中には入らなかった。続いて、シモン・ペトロも着いた。彼は墓に入り、亜麻布が置いてあるのを見た。イエスの頭を包んでいた覆いは、亜麻布と同じ所には置いてなく、離れた所に丸めてあった。それから、先に墓に着いたもう一人の弟子も入ってきて、見て、信じた。

ヨハネ（20・4～8）

この旅も、よくあることですが、最終地点である二〇一二年からはじまります。

この特別な機会に、わたしも心の内で、敬愛する旧い司教座の街トリーアへの巡礼者となり、数週間後に「聖衣《トゥニカ》」を目指して巡礼にやってくる大勢の信者たちと共にありたいと思います。(55)

これは、「聖衣（サクラ・トゥニカ）」の公示五百周年にあたって、トリーアの司教ステファン・アカーマンに宛てた教皇ベネディクト十六世のことばです。そのことばをお借りして、わたしたちも巡礼者となり、信仰を携えて他のさまざまな時代に向かいましょう。「イエスの衣」が古代ローマ時代から現代にいたるまでに通ったさまざまな拠点に思いと心をはせましょう。

神の恵みによってわたしは人でありキリスト者、おこないによっては大罪人、召命は、さまざまな地を巡るもっとも卑しい巡礼者であること。この世での財は、固くなった少しのパンの入った袋、服の内ポケットには聖書。他には何も持たない。(56)

このように、十九世紀の無名の著者の信仰の証『あるロシアの巡礼者の手記』ははじまります。「わたしたち、人間、キリスト者、巡礼者、貧者、信者として……どうあるべきか、その鑑《かがみ》に自分を映し出すことができるかもしれない……」。(57)

自らの著書『朝課』で、ジャンフランコ・ラヴァージは、召命としての「巡礼者の姿」について記しています。「〝それゆえわたしたちは（……）宿営の外に出て、イエスのみもとに赴こうではありませんか！〟（ヘブライ13・13）。わたしたちの行路は記憶の底に埋もれた過去に向かってではなく、〝失われたときを探して〟ではなく、〝そのかなた〟、そして〝かの他者〟に向かっています」。こうして、わたしたちは「召命を受けた巡礼者」になることができます。宿営の外に出て、キリストに向かって歩みを進めましょう。

順路としては、ドイツとフランスに行くことになっていますが、その前にスペインとイタリアに少しの間、立ち寄りましょう。教会がイエスの衣類として伝統的に関連づけているものとしては、トリーアとアルジャントゥイユにある（二着の）聖衣《トゥニカ》、だけでなく、オビエドの「聖顔布」とトリノの「聖骸布」もあります。それらは、イエスの地上での最後のとき、受難と復活、過越と御父の元への帰還、をはっきりと語る、わたしたちに残された「四つの布」。訓戒として、遺産として、わたしたち皆に残された衣です。

オビエドの聖顔布は、死んだイエスの体を聖骸布に包んで墓に納める前に、イエスの顔を覆っていたとされる四角の布です。伝えられるところによると、聖顔布は七世紀にパレスチナからエジプトのアレクサンドリアに運ばれました。その後スペインに移され、カルタヘナに一時置かれ、最終的にオビエドに着いたとのことです。少なくとも一〇七五年以降はこの地の大聖堂に納められていることが、アルフォンソ六世の前で締結された公文書に記されています。

調査した結果、この布は、磔刑者のように窒息死した男の顔の上に置かれていたものであることが分かった。事実、胸水の痕がある。シミの位置からして、当該の顔は聖骸布の磔刑者のそれである可能性が考えられる。ピエルルイジ・バイマ・ボッローネ教授は血液が、聖骸布のそれと「ランチャーノの聖体の奇跡」のそれと同じ、AB型であると確認した。マクス・フレイは、さらに、布には中近東のいくつかの花粉が付着していることを認めた。(58)

聖顔布と聖骸布の関係性は、わたしたちをまっすぐトリノに連れていきます。そこには墓に納めるときにイエスの体を包んだとされる布（シーツ）が十六世紀から保管されています。しかしその歴史は長く苦難に満ちています。十字架上の受難と空《から》の墓の発見という出来事から、数世紀にわたる「不確実性」が続くのです。

聖骸布は六世紀にエデッサ（シリア）に再び現れる。そこには少なくともその二世紀前からあって、「エデッサの聖像」とか「マンディィリオン」とか呼ばれていた。九四四年にコンスタンティノープルに移され、おそらく一二〇四年には十字軍が手に入れて、アテネに持っていった。その後、聖骸布は最終的に十四世紀中ごろ、シャンパーニュ地方のリレに住むシャルニ家で再発見される。

ラファール・ド・ブリエヌの歴史探訪はさらに「十五世紀初頭……」と続きます。

百年戦争のために、聖骸布は約三十年間フランシュ・コンテのサンティポリットで保管されていた。その後さまざまな地――たとえばニース――を経て、最終的にサヴォイア公が一五〇二年にシャンベリーに保管するが、一五三二年、火事のために損傷を受ける。サヴォイア家は最後にトリノに移し、現在もそこに置かれている(59)。

トリーアの聖衣《トゥニカ》

「トリノが、あがない主を墓に納めたときにその聖なる体を包んだ聖骸布を所有する光栄にあずかっているように、トリーアも街の大聖堂に主の聖衣《トゥニカ》を大切に納める光栄に浴している(60)」。

というわけで、次にドイツに飛んでいき、キリストの聖衣《トゥニカ》を持つ二つの街の一つトリーアで聖衣《トゥニカ》に関する研究を深めたいと思います。とりわけトリーアの聖衣《トゥニカ》は、伝統的にあの「縫い目のない聖衣《トゥニカ》」と同一視され、今でもそうです。「救い主の縫い目のない服は……トリーアの街で、今日までずっと、大いなる崇敬のまととして保管されてきた(61)」のです。

まずはこの服について説明します。着丈は148センチ、後ろ157センチ、裾の幅109センチ、上部の幅70センチの綿の服です。袖丈は46センチ、袖幅は31センチ。トリーアの大聖堂(カテドラル)に保管されています。

古い織物の専門家によると、ローマ帝国初期に遡るもので、濃い灰色の、かなり起毛させた織物。縫い目がなく、シリア産とされる絹地で補強されていることから、とても弱い生地だったと思われる。その絹の生地は六世紀〜九世紀に遡り、その内の一枚はおそらくもっと古いものだろう(62)。

数世紀の間に施された「補強作業」によって何層にもなっており、現在、オリジナルの聖衣《トゥニカ》は数層の生地で覆われ守られています。デ・マッテイスは次のように詳細に述べています。

有名な考古学者M・フリュリ-レンベルグによって一九七三〜七四年におこなわれた調査によると、七層(一五一二年のものが五層、十九世紀末、一八九〇年のものが二層)も重なっている。これらの生地は一八九一年に塗られたゴム状の接着剤で互いについている……。数世紀を経るうちに、湿気の多いトリーアの気候のため、オリジナルの布地はほとんど完全に消滅し、小片は触るだけで粉状になった。したがって針と糸での再構築を試みることは不可能だった。布地の検査でも、保存状態がひどいため、年代や起源などを特定することはできなかった(63)。

この場合も、服の歴史を遡るには、ほとんど教会の伝統に頼るほかありませんでした。それによると、キリストの灰色の聖衣《トゥニカ》は、最初の数世紀はエルサレムで保管されていたとされ、コンスタンティヌス帝の母、三〜四世紀に生きた聖エレナ(64)によってトリーアに持ってこられたことになっています。しかしこの仮定は「まったくありえず、もしそうだとしたら、これほど重要な聖遺物であるからには、聖アンブロジウスなどが四世紀にそのことについて言及していたはずである。彼は、たとえばテオドシウス帝の葬儀の説教でキリストの釘について語っている(65)」。

実際、西暦千年を過ぎてからようやく、最初の詳しい記載が登場します。

トリーアにおける服の存在については、一〇七二年と一一〇五年の二つの不明瞭な言及をのぞくと、一一二七年から証言があります。一一九六年にカテドラルの新しい中央祭壇のそばに移動されたことは知られていますが、一五一二年に公開されるまではこの聖遺物への巡礼記録はそれほどありません。一五一二年以後は、不定期ではありますが公開展示

がおこなわれ、大勢の巡礼者を引き寄せることになります。(66)

そのような「大勢の巡礼者」は、第一回公開展示の五百周年記念の年、聖衣《トゥニカ》を崇敬し、慰めを得るためにドイツの街に向かいました。教皇ベネディクト十六世のことばを借りると、この服は「信仰深い巡礼者たちを引き寄せます。なぜならこの聖遺物はイエスの生のもっともドラマチックな瞬間、彼の十字架上での死を、今現実のものとするからです(67)」。

しかしトリーアの聖衣《トゥニカ》は、アルジャントゥイユの聖ドニ大聖堂に保存されている服とは異なり、血痕がみられません。それが示唆するのは、この二着は重ねて着たものではないかということです。(68)さてここでドイツを離れ、最後の目的地に向かいましょう。「シャルル・マーニュの時代にフランスに持ってこられ、アルジャントゥイユ教会に置かれ、長い間隠されていた後、一一五六年に発見され、聖ベネディクト修道院に移動し、大いに崇敬された(69)」服を追って。

アルジャントゥイユの聖衣《トゥニカ》

もう一度、伝統に耳を傾けてみましょう。その服が最初の数世紀どこにあったかについては、口伝えではありますが、神話と言えるようなものもあります。トリーアの聖衣《トゥニカ》と混同するその最初のころの歴史をデ・マッテイスが分かりやすくまとめています。

六世紀、トゥールの聖グレゴリウスは、キリスト教徒たちが買った聖衣《トゥニカ》は、コンスタンティノープルから約百五十マイルの、小アジアの街ガラタに持ってこられたと言っている。そこの大聖堂の木製の小箱に保管されていた。二九〇年、アルメニアに侵入しすべての教会を破壊したペルシア人の攻撃から守るために、ヤッファに持ってこられた。その後五九四年に三人の総主教、アンティオキアのグレゴリウス、エルサレムのトマス、コンスタンティノープルのヨハネによって、エルサレムに盛大に運ばれた。二十年後（六一四年）、ペルシア王コスロー二世が手に入れて、「真の十字架」と一緒にペルシアに持っていった。六二七年にはヘラクレイオスがそれを再び手に入れ、まずはコンスタンティノープルに、それからエルサレムに、そして再びコンスタンティノープルに持っていった。(70)

この時代からやっとより確かな情報を得ることができるようになります。このアルジャントゥイユの聖衣《トゥニカ》は、シャルル・マーニュの時代からはパリ北部のフランスの村に置かれていました。シャルル・マーニュは、

西暦八百年ころそれをコンスタンティノープルの皇帝エイレーネーから受け取ると、アルジャントゥイユの大修道院の修道女だった娘テオドラーダに託した。中世にその聖遺物が崇敬されていたことが多くの証跡によって分かる。その後のアルジャントゥイユの巡礼

者としては、フランソワ一世、アンリ三世、ルイ十三世が挙げられる。聖衣《トゥニカ》はベネディクト会・聖マウロ修道会にその保管がゆだねられ、一七九一年、小教区の教会に移された(71)。アルジャントゥイユの聖衣《トゥニカ》は「長い苦難の歴史」をたどったとされ(72)、その証拠となる一七九三年に起きた出来事の詳細についてはラファール・ド・ブリエヌが次のように記しています。

小教区司祭は、それを救うために五枚に切り分け、複数の人物にゆだねた。後にそれらを一つにして、裏地の上に縫い合わせるつもりだった。保存状態が悪く、分断された部分は数世紀の間に欠損したりしたため、現在では高さ122センチ、袖部分の幅は90センチとなっている。赤色は一九三二年に分析した結果、彩色に使われる植物（ガランサ）によるものだった。一八九二年には、いくつかのシミが血液によるものと分かった。シミの一つで肩にあるものは、十字架を背負ったときにできたものと一致しているという。その他の、背中全体についているシミは、鞭《むち》打ちの刑に由来するとのことだ(73)。

現在まで続く研究

オルセーの光学研究所のA・マリオン、パリの分子遺伝学研究所のG・ルコットなど、聖骸布学者や科学者たちの最近の研究（一九九八年、二〇〇四年）では、血液由来のこのシミとトリノの聖骸布のそれとの比較がおこなわれた。このシミは、トリノの聖遺物で発見されたシミと合致した。考慮すべきは、静止状態の体（聖骸布の場合のように）と動いている状態の、それも重荷を背負っている状態の体では、血痕のつき方には違いがあることだ。血液型も合致していて、ＡＢ型である。その他にも、ＤＮＡ（染色体式はアラブ系セム人の男性）など、他にもさまざまな合致点がある。[74]

同時に、そして反対に、アルジャントゥイユの聖衣《トゥニカ》が白色ではなかったことから、数世紀の間、「アルジャントゥイユ教会に保存されている服は、〝聖衣《トゥニカ》〟ではないことは確かで、赤色のパリウム（衣の上に着る四角の布）である」[75]とされてきました。

すでに示唆されてきたように、この問題の解決は「浅瀬の中央にある」、すなわち、この二つの聖衣《トゥニカ》はキリストが重ねて両方とも着ていたのではないかという考えです。したがって、ゴルゴタの丘に登ったとき、イエスはアルジャントゥイユに保管されている服だけを着ていて、血痕がついているのは説明ができ、一方トリーアの聖衣《トゥニカ》は上着だったのではないかということです。

学術研究データ、偶然の一致、矛盾、文書または口伝による伝統など、おそらくほどくことのできないもつれの塊です。理性によって解決に達することが不可能なら、わたしたちの探求を導く、本章の初めのヨハネの福音書の引用で出会った、「来て、見て、信じた」あの弟子のような、揺るぎない信仰が必要となるでしょう。

ここまでわたしたちは歴史、神話、そしてまさに「信じる渇望」に押されて、数世紀にわたる、多くの拠点、場所、人物、出来事などを見てきました。キリストの「縫い目のない服」の探求において、ほんの少しでも真実を明らかにするためには、多くの著作物が必要となるでしょう（聖遺物に関して「真実」という用語が適切かどうかは分かりませんが）。事実、他にも、この聖衣《トゥニカ》を所有していると言っている場所があります。ジョージア（グルジア）のムツヘタやコンスタンティノープルがそうで、世界中の多くの場所に散らされた切れ端もあります(76)。わたしたちの研究でもっとも大切なのは、これらの服の歴史について、そしてどのような外観の服であったかについて説明することでした。イエスの聖衣《トゥニカ》を追い求める旅が読者の皆さんに「船酔い」をさせなかったことを期待しつつ、第二の旅に向かうときが来ました。わたしたちにとってより近しい道程である、フランシスコの僧衣《トナカ》を探求する旅です。

VI　フランシスコの僧衣《トナカ》はどこに?

限度を知らぬ野心をもち、どこにいても皆より秀でていようとした。遊び、競技、優雅さ、人にうける馬鹿な話、歌、豪奢な服……。

トンマーゾ・ダ・チェラーノ
『第一伝記』FF 320

フランシスコの地上での生き方で、もっとも特徴とされるのは隣人への連帯、虐げられた人々との近しさ、生きとし生けるものとの兄弟愛、自らをなげうつ寛《ひろ》い心、思いやり（コンパッション）、あの憐れみ、それらがこの世でのフランシスコの性格や霊性に常についてまわりました。「すべてを捨てて裸になった」後、主とその御子キリストに自らをささげ、人類と被造界（つくられしものの世界）を抱きしめようと、ぜいたくや楽な暮らしを捨てました。

服を必要としている人に自分の着ているものを与えたり、望まれたら服を交換したりする寛い心。すでに述べたように、フランス人修道士が「熱烈な信仰心で」フランシスコの服を望んだときも、服を交換しています(77)。「自らをなげうつ心の寛《ひろ》さ」の話は別名「ペルージャ伝」とも呼ばれる「アッシジ記述」にも出てきます。ここにはフランシスコが自らの健康状態を顧みず、「貧しい兄弟」のために服の一部を差し出す様子が書かれています。

またほかのとき、ボロを身にまとった貧者が修道士たちの修道院にやってきて、「神の愛によって貧しい布を一枚いただけませんか」と懇願した。幸いなるフランシスコは一人の修道士に、この貧しい人に差し上げる布地を探してくれるよう頼んだ。修道士は家中を探したが、何もなかったと言いに戻ってきた。物乞いの人が手ぶらで帰らないようにと、フランシスコは修道院長に禁じられるのを恐れて、隠れたところに行き、ナイフを手にし、座って、貧しい人に内緒であげようと、自分の僧衣《トナカ》の内側に縫い付けてあった布を切り離しはじめた。しかし修道院長は彼がやろうとしていることをすぐに見抜き、極寒の季節であったし、フランシスコが病気で寒さに耐えられない体であったため、それを禁止した。しかし幸いなるフランシスコは言った。「もしぼくがあげてはいけないのなら、君がこの貧しい兄弟に何枚かの布切れをあげてくれ」。こうして修道士たちは、幸いなるフランシスコを思って、自分たちの服からそれぞれが布地を切り取ってその貧者に与えた(78)。

「アッシジ記述」ではさらにこう続きます。

説教をしに出かけるときのために、修道士たちは彼に外套を仕立てた。説教をしにいくには歩いて、または、体が弱って歩くのが困難になってきたため、ロバに乗っていかなければならなかった。どうしても必要なとき以外は、馬には乗りたがらず、体調が急に悪化し、死にそうな状態になってやっと利用することにした。馬に乗らなければ行かれない場所に行くときだけ仕方なく乗った。外套については、途中で出会う、または彼のもとにやってくる貧しい人にあげることを条件に、着ることを受け入れた。彼の心は、真に必要な人を見分けることができた。

隣人に対する共感力と極度の感受性によって、聖者は他者が何を必要としているか理解し、その解決のために自分のすべてをささげました。

フランシスコの体験の中で服が持つ意義と、その重要性をしっかり把握するためには、このような長い前置きが必要でした。同時に、これをテーマにしたことで、フランシスコが福音を告げ知らせるようになったゆえんに、好奇心を寄せ、ますます理解したくなるのではないでしょうか。徒歩で、そして人生の最期にはロバや馬の背に乗ってフランシスコが宣教しに出かけた道は、細かな網状のようになっていました。アッシジの聖者が自らの信仰を証しし、その跡を残した、「フランシスコの道々」です。その「跡」とは、彼自身が着ていた、そして大いなる気前よさで交換したり譲ったりしていた、僧衣《トナカ》の場合もありました。

イタリアでも聖フランシスコのものとされ、大事に保管されている服がいくつかあり、二着はアッシジの聖フランシスコ大聖堂の聖遺物礼拝堂とサンタ・キアラ大聖堂に置かれています。そのほか三着がトスカーナ地方のラ・ヴェルナ修道院、フィレンツェのサンタ・クローチェ教会、コルトーナの聖フランシスコ修道院に保管されています。

トスカーナ地方の複数の僧衣《トナカ》については、フランシスコを研究する友人、ペルージャ大学の歴史学教授ステーファノ・ブルファーニに尋ねました。

コルトーナの僧衣《トナカ》

それではコルトーナのコンベンツアル聖フランシスコ修道会の教会に保管されている服からはじめましょう。この教会には、フランシスコが日常生活で使っていたとされるいくつかの品があります。ミサ福音集一冊、クッション一つ、僧衣《トナカ》一着。聖者の死後、聖遺物として今日まで保管されてきましたが、それらがどのような経緯でこの地にやってきたかを証明する文献はありません。

伝承によると、コルトーナの僧衣《トナカ》は、一二二一年春からフランシスコの代理をつとめていたフラーテ・エリーアが、死に瀕したフランシスコに貸したもののことです。二人の長い交流と緊密な協力関係から、大いにあり得るでしょう。フランシスコ会総長からの降職と、破門されたフリードリヒ二世との交流が原因で教皇から破門されるという、エリーアの身に起きた不運の後、アッシジの聖者の代理はコルトーナのチェッレ修道院に引きこもりました。この街に聖フランシスコ教会を建立し、亡くなる寸前には破門から解かれましたが、そのような状況下、すでに聖遺物として大切にされていたフランシスコのいくつかの品を修道院に遺したと考えられます。

最近、コルトーナの僧衣《トナカ》の綿密な布地分析がおこなわれ(79)、頭巾なしの、十字架の形をした服は、白と薄茶の二種類の天然素材糸で織られています。かなりすり減っているので、普段着だったとされています。後になって、聖遺物を作るために端の部分が切り取られました。この織物はC14（放射性炭素）年代測定にかけられ、一一七〇年から一二一五年の間の時代に遡ると推定され、聖者の生きていた時代と合致します。

まさにこの科学データがコルトーナの服とフィレンツェの服の比較に役立ちます。実際、国立核物理学研究所（INFN）がおこなった二〇〇七年の調査によると、「コルトーナで保管されている聖フランシスコの僧衣《トナカ》は確実に、イタリアの守護聖人（フランシスコ）が生きた時期に織られたもの(80)」であり、フィレンツェのサンタ・クローチェ教会に保管されている、これまではフランシスコのものとされていた僧衣《トナカ》は、一致しないことが決定づけられました。国立核物理学研究所（INFN）の研究者たちによると、フィレンツェの修道服は、アッシジの聖者が亡くなった一二二六年から少なくとも八十年後のものと推測されます。したがってその聖遺物は本物ではありませんが、共にあるベルトと腰ひもは「年代的に合致[81]」しています。

ラ・ヴェルナの僧衣《トナカ》

第三の僧衣《トナカ》は、「トスカーナ地方のもの」の中ではもっとも心惹かれる、聖痕のついた衣服です。現在ラ・ヴェルナ修道院に聖遺物として保管されているこの服の長い歴史は、フランシスコがフラーテ・レオーネと一緒にここにいたころに、ラ・ヴェルナ山でキリストが顕《あらわ》れ、聖痕を受けたときに遡ります。その出来事は『大伝記』の中で聖ボナヴェントゥーラが語っています。

その出現が消えると、彼の心は驚くべき燃えるような熱意で満たされ、その肉体にも同じく驚くべきしるしが刻印されていた。事実、すぐに彼の手足には、ついさっき出現した磔刑者の手足に見られたような、釘の痕が現れはじめた。手足は、その真ん中が釘で刺し貫かれていて、丸い先端は、手のひらと足の甲から出ていて、とんがった先端は手足の反対側から出ているのが見えた。手のひらと足の甲から出ている釘の先端は丸く、黒ずんでいて、反対側から出ている釘のとがった長い先端は反対側に曲げられ、金づちで打たれたように、肉から飛び出ていて、肉の他の部分より盛り上がっていた。右脇は槍で刺し貫かれたような状態で、赤い傷跡に覆われていた。その傷跡はよく出血し、僧衣《トナカ》とパンツにしみ出た(82)。

ラ・ヴェルナの僧衣《トナカ》に関するさまざまな伝承は、不確実な中世の文献に遡り、近代初期になるまで、徐々に書き加えられています。この聖遺物に関しては数年前、科学的分析と貴石加工博物館工房でなされた保存作業がおこなわれ、ニコレッタ・バルディーニ、スザンナ・コンティがその歴史的経緯を再確認しました(83)。この服の歴史は、フィレンツェを中心とするトスカーナ地方の政治や宗教に深く関わり、フランシスカニズムに関しては、原始会則派の台頭と絡んできます。

『フランシスコ会聖人伝』では、サンタ・マリア・デッリ・アンジェリ教会への帰還の旅については語られていません。『フィオレッティ』と一緒に伝わる、十四世紀末に書かれた『聖痕についての考察』の第四巻にはこう記されています。「神の栄光をたたえるその聖なる栄光の聖痕ゆえに、ヴェルナからサンタ・マリア・デッリ・アンニョリ（アンジェリ）教会への帰還の途中、多くの奇跡が示された(84)」。ポルツィウンコラにたどりつく前に、すでに聖人として有名になっていたフランシスコが通った地域は、アレッツォ、サン・セポルクロ、モンテ・カサーレ、チッタ・ディ・カステッロのあたりでした。

フランシスコの「外套」については、ヴォルガーレ（中世イタリア語）で書かれたファーツィオ・デッリ・ウベルティの詩「ディタモンド」に登場します。「ほかにはない。でもそれほどラ・ヴェルナ山で彼のものが見たいなら、その外套を見ることができる」。その服は、近代初期（十五、十六世紀）までアレッツォ県の丘陵地域カセンティーノ、正確にはモンタウトにあるバルボラーティ家の城の礼拝堂に保管されていました。バルボラーティ家の古文書には今でもセラフィムのような聖者の服を崇敬していたことを示す断片的な記録が残されています。

一五〇三年、フィレンツェに対抗するアレッツォの反乱の時代です。アレッツォの敗北の結果として、モンタウトの城は破壊されて失われ、貴重な聖遺物もなくしました。トスカーナ地方のもっとも重要な街において信仰を広めるという公式な理由のもと、フィレンツェに持っていかれたのです。それについては、原始会則派の有名な記者、フラ・マリアーノ・ダ・フィレンツェが「聖なる山の対話」で記しています。彼はフィレンツェの総督が武器を持った兵士と原始会則派の修道士らを率いておこなった移送式にも加わりました。荘厳な式典が終わると、修道士がフィレンツェ市内にあるオンニッサンティ教会に引っ越すまでそこに置かれていました。この出来事は当時の年代記や古文書館の資料にも記されています。二〇〇一年に修道院がなくなった時点で、聖痕のついた服は元あったラ・ヴェルナの巡礼教会礼拝堂に設けられた新しい場所に納められました。

残されたもう二つの僧衣《トナカ》に関しては、いわば「家に帰る」ような話になります。アルファとオメガ、最初と最後の服です。フランシスコの苦行の服と、聖者のトランジト（あの世への旅立ち）の僧衣《トナカ》です。フランシスコの歩みは、長く、揺るぎなく、謙虚で、そして同時に、決然たるものでした。人間として、そして霊的な歩みは、フランシスコが主を受け入れた、あの「脱衣」からはじまります。

> ほむべき熱烈な霊の高揚に酔いしれて、着ている服をすべて、下着さえ残さず地面に捨て、皆の前で裸になった。そして父親にこう言った。「今までこの世ではあなたをわが父と呼んできた。今からは確実にこう言える。天におられるわたしたちの父よ、と。なぜなら彼の内にわたしはすべての宝を置き、わたしの信頼、希望のすべてをゆだねたのだ」。[85]

聖ボナヴェントゥーラは、甘美さの極みをもって、『大伝記』に最期のフランシスコの様子を書きました。「すべての秘跡が彼の上に執りおこなわれた後、その聖なる魂は、肉体から解放されて、神の深遠な光の中に沈み、主のうちに眠りについた」(86)。まさにこの最後の服が、本書を書くようわたしを促したのです。

「最初の服」は、聖フランシスコと聖キアラの他の聖遺物と一緒に、アッシジのクララ会第一修道院に保管されています。父と決別し、グイド司教の目の前で裸になったフランシスコを覆った最初の服です。

神の人の限りない熱情の発露を感嘆の面持ちで見ていた司教は、すぐに立ち上がり、泣きながら彼を腕に抱いた。善良で慈悲深い司教はそれから自分の肩衣（パリウム）でフランシスコを覆い、下の者に何か若者を覆うものを、と命じた。百姓の着ていた貧しく粗末な外套を差し出すと、フランシスコは感謝してそれを受け取り、そこらにあった煉瓦《れんが》を手にとってその上に十字を切り、十字架につけられた半裸の貧しい男に着せるのにふさわしい服とした(87)。

アッシジの僧衣《トナカ》

最初の服がフランシスコの使命の「原初の」歩みを物語るなら、アッシジにあるもう一つの服は聖者の人生の最期を物語り、霊性の別の形を示しています。わたしたちは今アッシジのサクロ・コンヴェント（聖修道院）にいます。ドイツ人研究者メフティルド・フリュリ‐レンベルグはこの服について次のように言います。「この最後の僧衣《トナカ》に関するもっとも古い資料はアッシジ市立図書館の一三五〇年蔵書目録に記されている」(88)。これは、トリノの聖骸布の調査において有名だった修復家（フリュリ‐レンベルグ）の文書を引用しています（「イタリアの守護聖人、聖フランシスコ誌」一九八九年二月号に掲載）。

フリュリ‐レンベルグの文書には、アッシジの大聖堂に保管されている聖者の服についての詳しい説明があります。

僧衣《トナカ》は縮絨《しゅくじゅう》加工した粗野な毛織物である。色は濃い灰色。布地は染色されておらず、自然の羊毛の色で、濃淡がある。オリジナルの縫い目が残っているので、元の服の裁ち方が容易に分かる。

フリュリ‐レンベルグはさらに続けてこう説明します。

後ろ身頃には60センチ幅の布の輪が中央にあり、それに複数の断片生地がつなぎ合わされて僧衣《トナカ》の形になっている。（……）袖の下にある托鉢用のポケットはフランシスコ会修道士の僧衣《トナカ》には必要不可欠である。左の袖は失われている。この聖遺物の全体像にとって本質的なのは、僧衣《トナカ》に縫い付けられている大小さまざまな切れ端である。裏地があるにもかかわらず、これらの切れ端の下に確認できるのは、ほつれていた穴や、たくさんの並んだ小さな穴。これらの穴は、全部で六枚になる毛織物のさまざまな切れ端で覆われていて、それぞれの切れ端はさらに二、三枚の切れ端が重ねられている。

フリュリ-レンベルグによる説明は、次のように締めくくられています。

特別なのは、茶色っぽい粗野な毛織物の切れ端で、僧衣《トナカ》の上に十九回も縫い付けてある。大きな布片が多く、僧衣《トナカ》全体に一人の人の手で縫い付けられている。興味深いのは、これらの布の縫い目である。切断された布の端は麻糸によってステッチが施されていて、二度縫いで閉じられている。前にわたしが語った布片は、丁寧に縫われてはおらず、シンプルなまつり縫いだった。

布片が僧衣《トナカ》の上に「一人の人の手で」「十九回も縫い付けてある」。まるで推理小説のように興味を引きつけ、かたずをのんでしまうような要素が十分にあります。それではここで休憩にしましょうか。こうした要素について、どのような歴史的事実が関わっているのか、検証してみましょう。

いまや本書の中心に近づこうとしています。これから先の二章では、二つの服、聖衣《トゥニカ》と僧衣《トナカ》の象徴性について探っていくことにしましょう。他の部分に比較して、より多くのページがさかれることになりますが、読者の皆さんの忍耐とご理解をあおぎます。実際、以下は本書を書くようわたしを促した主な動機なのです。

Ⅷ 聖衣《トゥニカ》の象徴性

イエスは大声で叫ばれた。「父よ、わたしの霊《スピリト》を御手にゆだねます」。こう言って、息を引き取られた。
ルカ（23・46）

「愛をとおしてでなければ真実に達することはできない」。聖アウグスティヌスのこの有名なことばが、魂の奥から湧き出るわたしたちの「問い」にこたえる鍵となるでしょう。

聖霊をとおして注がれる神の愛の、何が残ったのでしょうか。わたしたちのために死んだ神の子の、何が残ったのでしょうか。十字架につけられた裸のイエスがわたしたちに残した「ぼろきれ」の価値とは、何なのでしょうか。もう一度ヨハネのことばに戻りましょう。「縫い目がなく、上から下まで一枚織りであった」（ヨハネ19・23）ため、兵士たちがくじ引きで引いた、あの聖衣《トゥニカ》です。

キリストの「縫い目のない、一枚の布として織られた」この聖衣《トゥニカ》こそ、わたしたちが着るよう、そのように生きるよう、求められている「服」なのです。ベネディクト十六世のトリーア司教宛の書簡にあるように、「その出来事（服は四つに分けたのに、聖衣《トゥニカ》は分けられなかった）は、福音記者ヨハネによって明文化され、その聖遺物のおかげで、〃救いの神秘〃を信じ、あおぐことができる(89)」のです。それではもう一度、救い主の服の特徴に目を止め、それが顕《あらわ》す「神秘」を探りましょう。

ヨハネだけが詳細に記述しているこの箇所については、さまざまな解釈がありますが、その一つは、聖衣《トゥニカ》が「祭司用式服」を思い起こさせるという説明です。すなわち、メシアは、王としてだけでなく、大祭司としてもいのちをささげたことになります。大祭司はまさに「この最高の〃恥辱〃のとき、自らの祭司職を果たす(90)」のです。一方、キリストの「縫い目のない、一枚の布として織られた」服の意義については、その「一致性」にあるとされています。ヨハネが聖衣《トゥニカ》の特徴として示したのは、神、キリスト、教会、キリスト者たち、そして信仰そのものの、「一致」。一つであること、不可分性だったのです。

縫い目のない、一枚の布として織られた聖衣《トゥニカ》

それは「一枚の布として織られた」聖衣《トゥニカ》でした。イエスが御父と、わたしたちと、その子らや兄弟と「まったく一つ」であるように。「しかし、わたしたちがまだ罪人であったとき、キリストがわたしたちのために死んでくださったことにより、神はわたしたちに対する愛を示されました」（ローマ5・8）。

彼のうち以外にわたしたちは一致を見いだすことはできません。アン・レキュが書いているように、「彼はわたしたちの内なる一致そのものであり、わたしたちを一つに結ぶきずなそのものなのです。そして彼は、一致が認められ、受け入れられ、差し出されるまで、御父への祈りを止めることはありません」(91)。兵士たちが聖衣《トゥニカ》をくじ引きに賭けたおかげで、服は完全な、分かつことのできない一枚のまま残りました。「教会」がそうであるように……。

キリストの愛によって、唯一の、分かつことのできない共同体としてつくられた教会。聖なるトゥニカはこれらすべてを可視化して見せてくれます。救い主の愛は、分断されたものを再び一つにしてくれます。教会は、多くの人々の中にあって、一なるものです。キリストは人間たちの多様性を消さず、むしろ互いに他者のため、他者と共にあることによって、一致させます。それはキリスト者の特徴であり、それゆえにさまざまな方法で、互いに神へ向かう仲介者となれるのです(92)。

「縫い目のない」聖衣《トゥニカ》は問いを投げかけます。「一つ」としてつくられたものを、どうして引き裂いたり、分断させたりできるでしょうか？　一つのままであるよう生まれたものを、誰が分けようとするでしょう？　考えられません。その陰にキリストの弟子たちの一致を垣間見ることができます。主の「ことば」を世界の隅々にまで伝え、世紀を超えて、生き生きと主を証しし続ける者たちの姿を。

縫い目のない聖衣《トゥニカ》は、大祭司イエスが受難の前夜に弟子たちに求めた「一致」を表します。事実、祭司の祈りにおいて、イエスの祭司職と弟子たちの間の一致は深くつながります。イエスが死に旅立つ前に祈ったことば、わたしたちの前に置き、そしてわたしたちの心に深く記したあのメッセージが、十字架の足元にたたずむわたしたちの魂を再び貫きます。(93)

「縫い目のない服」は、真実をさらに本物にします。神のことばを……。「ことばによらずに成ったものは何一つなかった」（ヨハネ1・3）。主がわたしたちに直接語りかけるなど信じがたく、疑ってしまう衝動にかられても、認めるほかありません……。わたしたちは「一人称として」そこに立つよう呼ばれています。ためらい、恐れ、羞恥心にさいなまれていても、イエスと「切れ目も縫い目もない聖衣《トゥニカ》」は、わたしたち一人ひとりを呼んでいます。滑らかでかぐわしいその服は、わたしたちの名を呼び、わたしたちを包み、わたしたちの傷を縫い、癒やしてくれます。わたしたちに、自らの存在の意義を取り戻させてくれる「ことば」です。

アン・レキュは、縫い目のない聖衣《トゥニカ》は、「隠されていたわたしたちの清さを包む神の憐れみのしるしであり、わたしたちが神の似姿であった原初の状態を回復させてくれる、わたしたちのもっとも奥深い〝すがた〟」と書いています。「世界のあらゆる災難や不祥事にもかかわらず、引きちぎられず、引っかき傷もない」〝すがた〟。汚れに覆われていても、「わたしたちの存在の真実」をわたしたちに戻してくれます(94)。

こうして聖衣《トゥニカ》はわたしたちの皮膚そのもの、癒やされた皮膚になります。イエスに清めを懇願し、清められたあの重い皮膚病者たちのように、かれらへのイエスの招きをわたしたちも受け入れます。「イエスはその人に言われた。〝だれにも話さないように気をつけなさい。ただ、行って祭司に体を見せ、モーセが定めた供え物をささげて、人々に証明しなさい〟」(マタイ8・4)。拒否され、疎外されるのではないかという恐れを乗り越えて……。再び、無垢《む く》で清らかな存在になったと感じること。「かれらが、神への信頼ゆえに、自分自身の皮膚の中で、ありのままの自分であることに平和を得、自らの姿を他者に見せる勇気を再び得ること。自分を信頼できるという、この信じがたい奇跡が、キリストの手にゆだねられたのです(95)」。聖衣《トゥニカ》をとおしてイエスと親密になることで、再び自分を取り巻く世界に接することができるようになり、信頼が呼び覚まされます。「縫い目のない一つの服は、わたしたちの人間存在のすべての綻びを再び縫い合わせます」。「人の子のことば」のおかげで、すべての人、とりわけ、触れてもらえない人々、底辺の人々、疎外された人々が、自分の場を再び手に入れられるようになります。縫い目のない、上から下まで一つの聖衣《トゥニカ》は、「わたしたちの内なる一致」そのものです。存在の真実であり、生の尊厳です。この縫い目のない聖衣《トゥニカ》は、わたしたちの心の底と関連し、生の一致、その奥底の「一致」を表象しています。

わたしたちは交換可能な一片ではありません、売りに出されている切れ端、大量生産された部品でもありません。わたしたちは「唯一の存在」なのです。預言者イザヤのことばが聞こえてきます。「わたしの目にあなたは値高く、貴く、わたしはあなたを愛し、あなたの身代わりとして人を与え、国々をあなたのいのちの代わりとする。恐れるな、わたしはあなたと共にいる」（イザヤ43・4〜5）。

神はわたしたちの傍らにいて、イエスをとおして、わたしたちに賭けます。

あの夜、すべての星に増して、一つの星が輝いた。その光はことばでは言い尽くせず、その新しさは目を見張らせた。その輝きですべての星に勝るあの星の周りに、すべての星が、太陽と月と共に、合唱団をつくった。

二世紀の教父、アンティオキアの聖イグナティオスが書き残したことばです。このイメージをわたしたち一人ひとりに結びつけてみましょう。わたしたちは皆、この「一片」です。その輝きですべての星に勝る、この光る星なのです。
わたしたちが「・なる存在」であることを感じ取り、その輝きを生きたら、愛にきらめきます！　それでは、愛について語るインドの詩人ラビンドラナート・タゴールの詩を借りてきましょう。

主よ、喜びと苦しみを静かに耐える力を与えてください。
わたしの愛を、実り多い役立つものにする力を与えてください。
貧しい人を決して拒まない、
権力者の尊大な態度にひざまずかない力を、与えてください。
日々の生活のさもしさの彼方に高く思いをはせる力を、与えてください。
あなたの意志に、愛ゆえに負ける力を与えてください。

ラヴァージ枢機卿のことばを引用すると、[96] これは「愛を中心に置いた倫理計画が明らかになる、深い祈り」です。この詩は、わたしたちの内に、神の容貌を具現化します。アルゼンチンの作家、不可知論者ホルヘ・ルイス・ボルヘスのことばが思い出されます。
マジックナンバーをなくすように、万華鏡の一瞬のイメージが失われるように、われわれは「あの容貌」を失った。ふと垣間見ることはできても、それが何かを見極めることはできない。地下鉄内のユダヤ人の横顔、それはもしかしたらキリストのもの。窓口で小銭をわたしたちに渡している手は、兵士たちが十字架につけたあの手かもしれない。もしかして、十字架につけられた者の顔立ちが、すべての鏡の裏に隠されているのかもしれない。おそらく、かの顔は死んだ、消し去られたのだ。神が「すべての者」であるために。(97)

上から下まで一枚織りの聖衣《トゥニカ》

聖衣《トゥニカ》は上から下へ、頭のほうから足のほうへと織られていました。この場合も「すべて」一つなのです。上から下へという向きは、高きからくる一致のしるしであり、神からの贈り物です。なぜなら父の贈り物である「御国」は、上からしか眺めることができません。イエスがニコデモへの返事でそれを明らかにしています。「まことに、まことに、あなたに言う。人は、上から（新たに）生まれなければ、神の国を見ることはできない」（ヨハネ3・3）。この憐れみのしるしである聖衣《トゥニカ》は、上からきています。そしてそこにわたしたちはカリタス（愛）のしるしを、人類と神とを、そして神をとおして人々同士を結ぶ、あの愛を、見ることができます。

この縫い目のない聖衣《トゥニカ》の特徴について、聖アウグスティヌスは次のように語っています。

あの服の内に一致が託され、あの服の内にカリタス（愛）が宣言された。上から下に向かって織られたあの服。まさに貪欲は地から、愛は上からくる。この愛は、教会の一致の内にのみ守られる。分断の信奉者は、その泉から遠ざかる。愛の高揚を知らないからだ。復活した栄光の主は教会を託し、昇天した栄光の主は教会を託し、天から聖霊を派遣して、教会を託すのだ(98)。

キリストへの信仰の内なる一致を象徴する聖衣《トゥニカ》は、人間たちの間で分断されてはならないものです。ラニエーロ・カンタラメッサ師は、二〇〇八年の聖金曜日にローマのサン・ピエトロ大聖堂でおこなった説教でこの「一致」について語り、それは「達すべきゴール」であるとともに、「受け入れるべき贈り物」だと述べ、さらに、聖キプリアヌスの次のことばを引用しました。「聖衣《トゥニカ》が〝上から下へ〟織られていたのは、〝キリストがもたらした一致は上から、天の父から来たもの〟であり、受け取った者は分断してはならず、そのままその完全性を受け入れなければならない(99)」。このイメージは、教会は自分自身だけで生きているのではなく、神のおかげ、神との一致、共存（シンビオシス）の中に、生きていることを示唆しています。

唯一不可分の共同体である教会は神のわざです。人間がつくったものでも、人間たちの能力によってできたものでもありません。聖衣《トゥニカ》は同時に、こうも言えます、自らの起源に忠実であるようにという、教会への勧告でもあるのです。その一致、その合意、その効力、その証は、本質的には、上からのみ創造され、神によってのみ与えられるのです。ペトロが「あなたはキリスト」（マタイ16・16）と告白したときやっと、「つなぎ、解く力」、すなわち、教会の一致のための奉仕の役割が与えられるのです(100)。

これが教会レベルで起きるとしたら、人間の存在レベルでもあり得るでしょう。わたしたちは人生の歩みにおいて、深い孤独感と絶望にさいなまれる時期があります。そのようなとき、すべての見せかけは崩れ、他者との交わりに入りたい欲求に駆られ、飢餓状態のようになって、他者との交わりを熱望します。でもそれを体験するには、生において何が「真に残る」のかを感じ取らなければなりません。すると突然気づきます。前、後ろ、どこを見渡そうと、唯一価値があるのは愛であることを。これこそが、上から下へと織られたこの聖衣《トゥニカ》が象徴するもの。わたしたちが着ている唯一の服は、上から下まですべて愛なのです。そしてこの愛を賭けて真剣勝負をすることによって、わたしたちが着ている真の服とは何かが浮かび上がってきます。

愛の本質、それは必要なものというよりは、「人間の行動を方向づける価値」。社会学用語で説明すると、必要は欠乏から生じますが、価値は意義で満たされています。たとえば犠牲の心は原動力となって、為《な》すことを聖化します。価値は常にわたしたちの面前にあり、人を導きます。こうして、愛を希求する人は、この光によって導かれるのです。

愛は「他者に」向けられなければなりません。「自分への愛」に巻き込まれたら悲惨です。哲学的には「すべての人の、あらゆる機会における、すべての過ちは、自分自身への途方もない過度の愛から生じる」のです。これはイレネー・ウシェールがその著書『フィラウティーア（自己愛）』で引用している、哲学者プラトンの『対話篇――法律』からの抜粋です。『フィラウティーア』は、わたしたちの歩みをどの方向に向かわせるべきかを示唆しています。すなわち、自己愛からカリタス（真の愛）へ。[101]

そして同時に、他者への赦しも必要です。他者に欠けているところや過ちを受け入れ、まずは、わたしたち自身の過ちを認識することが大切です。イソップ作、「ジュピターと二つの袋」のフェドロからそれを学びましょう。わたしたちの前にあるのは〝他者の欠点〟が入っている袋、後ろに背負った袋には〝わたしたちの欠点〟が入っています。

現代では多くの分裂、細分化が見られます。ときには、わたしたちの内部に分裂が起こっていて、たくさんの破片で満たされ、その破片がわたしたちを傷つけ、不快にさせ、意地悪で角ばった人間にします。わたしたちは信頼を、自身と他者への敬意を取り戻さなければなりません。そのバネとなるのは、愛のみです。愛だけが、あふれるほど満たされた生を生きるには何をすべきか、自らに問いかけるよう促してくれます。

　十字架につけられた方の足元に置かれた貧しい「戦利品」を、ローマ帝国の慣習どおりに兵士たちが分け合うとき、かれらは聖衣《トゥニカ》を引き裂きませんでした。それについては賭けをしたので、服は完全なまま残りました。全人類のものであるため、特別な所有者はいません……。「イエスの縫い目のない聖衣《トゥニカ》は、アダムが編んだ帯の代わりとなり……暴行されたすべてのタマルを包みます。それは、神の前に栄光に満ちて進み出るために、ペトロに、わたしたち一人ひとりに、着せられます(102)」。全人類のために賭けの戦利品とされた一着の聖衣《トゥニカ》。こうして、すべての人が、他の人間の前に、主の前に、ふさわしい尊厳を持って進み出られるようになりました。イエスの最後の遺産は、貧しい一着の服。それを着る者を包み、守り、保護し、生まれつつあるキリスト者共同体に残された、十字架の血によって聖なるものとなったイエスの不可分な贈り物としての一着の服。この質素な服が、人間の尊い価値を思い起こさせてくれます。「愛をもって真実のうちに主の後を追うには、絶えざる回心と、謙虚さが必要です(103)」。

　苦悶、おびえ、そしてわたしたちが抱くあらゆる恐れを超えるための愛と真実。イエスは自らの犠牲によって、信仰の証をわたしたちに与えました。サイコロに賭けられたその服は、他者への信頼、そして生のすべてへの信頼を、わたしたち皆に与え、自由への道を示します。こうして聖衣《トゥニカ》は、人間の「完全な自覚」へと達する、最後の跳躍をゆるし、十字架のしるしの内に、信頼して生き、善を実現するよう促します。

　この賭けられた聖衣《トゥニカ》、引きちぎられもせず、分断されることもなかった聖衣《トゥニカ》は、わたしたちに分からせてくれます。大切なのは多くの声でなく、「あの声」だということを。マルコ福音書の悪霊に取りつかれた男の箇所を見てみましょう。

そのとき、この会堂に汚れた霊に取りつかれた男がいて叫んだ。「ナザレのイエス、かまわないでくれ。われわれを滅ぼしに来たのか。正体は分かっている。神の聖者だ」。イエスが、「黙れ。この人から出ていけ」とお叱りになると、汚れた霊はその人にけいれんを起こさせ、大声をあげて出ていった（マルコ1・23〜26）。

この聖書箇所に関するドレーマンの省察は的《まと》を射ています。(104) 汚れた霊の叫びには、人間の存在に影響を与える多くの声が映し出されています。他者と会う場合など、一人が話すのではなく、全共同体が、自らの持っている条件や影響力、昔からの遺産をすべて携えて発言します。恐れが紛れ込んで言い方が変わったり、悔いやしがらみもとめどなく出てきます。しなければならない……、してはいけない……、他者のさまざまな発言が影響を与えます。もしわたしたちの内部で語る多くの声を内視鏡で見ることができたら、もしくはわたしたちの内で話すいろいろな声を映像で見ることができたら、あるときは祖母の声が語り、あるときは父が、叔母が、友が語るのに気づくでしょう。一方、難しいのは、自らの声に耳を傾け、わたしたちの「人間としての尊厳のすべて」を発露することです。ときにはくじ引きで引かれたように、あの声、または他の声が、わたしたちの代わりに語ります。しかし、運命は意義深いもの、イエスが十字架のもとでわたしたちにしるしとして明かすものです。イエスは言います。「あなたが話して欲しい、あなたの心にわたしが入れた夢を、あなたが語って欲しい」。

赤い色の聖衣《トゥニカ》

皆が想像するのは、イエスの聖衣《トゥニカ》は赤い服だったということです。愛の色の服であり、わたしたちを愛に招くと同時に、わたしたちを「愛することができる者」にしてくれます。聖書に記されている多くの感情の中に、一つの愛があります。実際、旧約・新約聖書は、「苦悶や恐れという冷たい紫から喜びとやさしさの熱い赤にいたるまで、いわば色彩のスペクトル」を提示しています。(105)

「神は愛である」。ヨハネの第一の手紙にあるこのことばを、教皇ベネディクト十六世は最初の回勅『デウス カリタス エスト（神は愛である）』において、冒頭のことばにしています。教皇は回勅で、プラトンによる愛の段階であるエロス、フィリア、アガペーからはじめて、神の愛の本質について語ります。エロスは「男女の間に、考えもせず望みもしないで生じる、いわば人間に降りかかる」タイプの愛。フィリアは、「ヨハネの福音書においてその意義が深められた、イエスと弟子たちの間の」兄弟的な愛。一方、アガペーは、「愛の新しいヴィジョン」と表現され、これは「まさにキリストの新しさであり本質的な何かであり、愛の理解へと導くもの」としています。

上昇と浄化の歩みである愛。教皇ベネディクト十六世は愛がその完成に達するためにはどのようにそれを生きなければならないか、自問します。

最初の重要な手がかりは、神秘家たちがよく知る旧約聖書の「雅歌」に見いだせます。今や愛は他者への、他者のための配慮になります。自分自身が幸せに酔いしれることを求めず、愛する人の益を求めます。自己放棄であり、犠牲を払うことを切望します。

他者の、愛する人の、益のために、犠牲を追求する。この至高の道、内なる浄化の中に、愛は自らの完成を求めます。

そしてそれには二つの意味があります。独占性――「唯一この方だけ」――と、「永遠性」です。愛は存在のあらゆる面において「すべて」を含みます。時という面においても。そうでないことは不可能です。なぜならその約束は「最終のもの」だからです。愛は永遠を目指します。そうです、愛は「エクスタシー、無我の境地」です。(106)

キリストの聖衣《トゥニカ》はわたしたちを包みます。人間への愛を秘めています。自らを贈り物として与える愛です。事実、最高の愛とは自分をささげることです。「わたしがあなたがたを愛したように、互いに愛し合いなさい」（ヨハネ15・12）。これがイエスの掟です。旧約聖書の「自分自身のように隣人を愛せ」を超えるものです。「〝すべて〟であり、すべてを超えるパラドックス――〝わたしがあなたがたを愛したように〟、すなわち、完全に自らをささげるにいたるまでの愛なのです。なぜなら〝友のために自分のいのちを捨てること、これ以上に大きな愛はない〟」(107)からです。愛する、愛し合う、神がわたしたちを愛したように。限りなく、永遠に……。

「一致と愛」の象徴である貧しい服、「縫い目のない聖衣《トゥニカ》」は、肌の上にじかに着る下着でもありました。キリストの服は「一枚布であり、いわば人間性の中に刻み付けられた神のイメージ」(108)であるため、分断することも分かつこともできないのです。わたしたちの人間性、わたしたちの魂に刻印されているため、分かつことも分断することもできないのです。キリストの「最後の真の遺産」を分けることができないのと同じように。

わたしたち人間は、教会の目に見える人的部分を分断することはできても、その基にある聖霊による深い一致を分断することはできません。キリストの聖衣《トゥニカ》は切り離されたこともなく、決して切り離されることはないのです。「唯一の、聖なる、普遍の、使徒的教会を信じます」と言って告白する信仰そのものなのです。(109)

イエスの体への侮辱的な暴力、分断しあった服。そして賭けで得られた一着の聖衣《トゥニカ》。それは十字架につけられた裸のイエスから、もっとも深刻で悲惨な、あの「根源的な瞬間」に、わたしたちに遺《のこ》されたものです。それは、口で言い表せないもっとも過酷で恐ろしい苦しみでさえ、信じる力で「過ぎ越す」ことができることを想起させる、歴史的通過点でもありました。「縫い目がなく、上から下まで一枚織り」の、真摯で純粋な信仰。他者への深い愛からなる信仰、人間が人間であることをつなぎ止める最後の接合材。信じる者たちの、キリストと神の内なる一致。賜物《たまもの》であり、励ましとなる一致。「愛（カリタス）の内に真理をおこないなさい」（エフェソ4）。これが、神秘をたどる道、救いへと導かれる道です。

信じる者たちの一致は、「贈り物」であることはすでに見てきました。「縫い目のない聖衣《トゥニカ》」も、イエスの贈り物として受けるべきもの、学ぶべき教えであり、普段の生活の中で実践すべきものです。キリストの遺産、そのメッセージ、彼の地上での生の証の最終目的。ここでもカンタラメッサ師がわたしたちを助けてくれます。「テキストの説明がどのようなものであろうと、唯一確かなのは、ヨハネにとっては、弟子たちの一致、そしてかれらをとおしての全人類の一致こそが、キリストの死の目的です」[110]。ヨハネはその福音書の中でこれについて二つの箇所で明確にしています。「イエスは……散らされている神の子たちを一つに集めるために死ぬ」（ヨハネ11・51〜52）。最後の晩餐でのキリストのことばの内に、救世主の到来の最終目的があるのを、わたしたちは認めます。「また、かれら（弟子たち）のためだけでなく、かれらのことばによってわたしを信じる人々のためにも、お願いします。父よ、あなたがわたしの内におられ、わたしがあなたの内にいるように、すべての人を一つにしてください。かれらもわたしたちの内にいるようにしてください。そうすれば、世は、あなたがわたしをお遣わしになったことを、信じるようになります」（ヨハネ17・20〜21）。

イエスをとおして、神を信じる。何の干渉も散漫もなく、ただ「ことば」をとおして、自らの心を主に向けることです。

イエスは教えの中でこう言われた。「律法学者に気をつけなさい。かれらは、長い衣をまとって歩き回ることや、広場で挨拶されること、会堂では上席、宴会では上座に座ることを望み、また、やもめの家を食い物にし、見せかけの長い祈りをする。このような者たちは、人一倍厳しい裁きを受けることになる」（マルコ12・38〜40）。

聖フランシスコの書き物の中にも、誰かに、またはある振る舞いに「気をつけよ」という言い方がよく出てきます。(111) アッシジの聖者の場合、そのような勧めは本物のフランシスカン精神を守り抜きたいという願いから発せられています。マルコ福音書についてのユージェン・ドレーマンのコメントが思い起こされます。右記の福音箇所についてドレーマンはキリストとアッシジの聖者の比較を試みています。

聖フランシスコについては、誰よりもイエスを真に理解し、自らの生き方において、真摯にイエスに倣ったと言われています。聖フランシスコは、貧しい人に金を恵むために聖書でさえ売ってしまいました。大切なのは聖書に書いてあることばではなく、わたしたちが自分自身の生において理解した神のことばだと言って。教皇は小さき兄弟修道士たちのために会則を作るようフランシスコを励ましました。長い間迷っていたフランシスコは不可避な必要性の前にとうとう会則を書きましたが、「sine glossa 解釈なしでそのまま」守らなければならないと追記しました。アッシジの貧しい人(ポヴェレッロ)は後に起きるような状況を明確に予感していたのでしょう。実際、その死の数年後、兄弟たちはいかに会則を生きるかではなく、いかにそれを「解釈すべきか」について不毛な議論に巻き込まれていったのです。

ドレーマンはさらに次のように説明します。

人類史の中でこのような退廃は常にずっと起きてきたようです。どこかで天才が生まれ、自らが信じ、それを実現しようとして神経を消耗し、健康を損ない、不眠の夜を過ごし、「外目には」失敗します。しかしその後三、四十年たって、美術、文学、教会に関する評論家たちが、かれらの生涯や作品について研究をしはじめ、ボードレール、ヘルダーリン、ゴヤ、ヴァン・ゴッホ、サヴォナローラ、ジョルダーノ・ブルーノ、ジャンヌ・ダルクたちがいかに偉大な人物であったか、詳しく丁寧に説明します。しかしこれらの評論家の人生には、「偉人」たちが体験した真の葛藤や真の闘いは見られません。これらの解釈者たちは、かの偉人たちがいかに立派であったかを説明することしかできないのです。第三者として多くの説明はするけれど、自分自身は、ゲームには参加せず、その身は安全地帯に置かれています。自らの生を巻き込まないほうが解釈者として価値があると思い込むこともあるようです。まさにこのような状況が、「気をつけなさい」と厳しく勧告するイエスやフランシスコの目の前にあったのです(112)。

では、長い説明は抜きにして、かなり個人的なこの「二つの衣服の比較」をさらに進めていきましょう。聖衣《トゥニカ》とそれが象徴するものについてここまで書いてきましたが、今から僧衣《トナカ》について、そしてその衣服が担うフランシスカンの本質について探っていきましょう。

Ⅷ

僧衣《トナカ》の象徴性

すべての兄弟修道士は、仕えるためまたは働くためであれ、どこにいようとも、管理職や役職にはつかず、働く家々で責任者にならず、不祥事が起きたり、自らの魂を損なう可能性がある仕事は引き受けないこと。同じ家に住むすべての者に対して小さき者であり、支配下にあるように。

アッシジのフランシスコ
『勅書のない会則』FF 24

もしイエスの聖衣《トゥニカ》が神の超越性のメタファーになるなら、フランシスコの僧衣《トナカ》は人間のもろさの証のように思えます。イエスに倣ってアッシジの聖者が自分の「ボロ服」を身にまとい、それを生きたことは、愛の美しさを感じさせるとともに、人々に尊厳をもたらし、「繕い縫い直す」生き方をするよう、わたしたちを招きます。

兄弟愛のしるしとして、ゆだねられ、与えられた僧衣《トナカ》は、無償の生の象徴。「戻ってきたら、上長は彼に一年間〝試しの服〟を与えよ。すなわち頭巾なしの僧衣《トナカ》を二着、腰ひも、ズボン、それから、腰ひもまでのフード」(113)。生が賜物《たまもの》であるように、われわれの兄弟姉妹も主からの贈り物なのです。フランシスコはそれを「遺言」の中で認めています。「主がわたしに兄弟たちをくださってから……」(114)。

灰褐色の僧衣《トナカ》、擦り切れ、汚れた僧衣《トナカ》、継ぎはぎだらけの一着の僧衣《トナカ》。フランシスコの地上での体験を表すリトマス紙のような僧衣《トナカ》。その素朴さ、献身、貧しさへの召命、つくられし世界へ注ぐ配慮と尊重の象徴。敬虔と愛のしるしである一着の僧衣《トナカ》。

フランシスコの修道服は「完璧の鑑《かがみ》」。聖者は、

いかなる場合でも、修道士たちが二着の他にもう一着僧衣《トナカ》を持つことを許さなかった。しかし、端切れで継ぎを当てることは許した。優雅な布は大嫌いだと言っていた。そのような振る舞いをする者を厳しくとがめた。そして自らの振る舞いをとおして激励しようと、僧衣《トナカ》の上に常に粗悪な粗布を縫い付けていた。臨終のとき、葬儀の僧衣《トナカ》も粗布で覆われているよう命じた(115)。

「〝神の前にある価値〟が人間の価値であって、それ以上の価値は存在しない」(116)。このことばは、聖フランシスコの僧衣《トナカ》が何を象徴しているかを語るものです。人の真の価値とは、神へのそして他の人々への信仰であり信頼であって、それ以上のものではないのです。自らの信じる心と献身に、「人間の行動の尊厳と重要性」のすべてがあるのです。その「奥深い存在」に価値があるということ。それがもっとも聖衣《トゥニカ》と僧衣《トナカ》の本質に触れる解釈なのです。

「修道服が、その者を修道士にするわけではない」ということわざがあるように、外観にとどまることはできません。「よいことば」を語るだけでなく、価値のあるおこないがそれに続かなければならないのです。そうでなければ単なる偽善者、民衆の間で広く引用されていることわざのように、「よい説教をするが、悪い生き方をする」者になりさがります。しかし、フランシスコと衣服については、ことわざの意味を逆転させられます。「僧衣《トナカ》は（その人を）兄弟修道士にする」のです。断然！

フランシスコは豪奢な服を捨てます。人生の分岐点で彼は「服を変え」ました。彼の霊的歩みに、三つの段階を見ることができますが、それぞれに異なる服の着方が伴います。回心の前に着ていた「豪奢で柔らかな服」から、隠遁者風の服に変わり、そして最後には兄弟性の象徴となるあの服、フランシスカンの僧衣《トナカ》と呼ばれる服になります。

すでに見たように、トンマーゾ・ダ・チェラーノがフランシスコの伝記を書くにあたって、回心以前の彼の性格をその服の着方をとおして詳細に記述しています。「限度を知らぬ野心をもち、どこにいても皆より秀でていようとした。遊び、競技、優雅さ、人にうける馬鹿な話、歌、豪奢な服……」(117)。これについては、ベネディクト十六世が世論を騒がせた効果的な言い方をしています。「最初フランシスコはいわばプレイボーイのようでしたが、その後それでは満足できなくなります。そして〝わたしの家を建て直せ〟という主の声を聞き、徐々に〝主の家を建て直す〟ということばの意味が分かってきます」(118)。わたしたちは他者に寛大であるべきですが、とりわけ若きフランシスコにはそうあるべきでしょう。若いときは「自分」のみに集中しているものです。

「自分」というのは醜い野獣であり、われわれの誰でも、胸に手を当てれば知っている。心にかみつき、脳をつつき、閉じ込めてもなお騒ぎ立て、おまえの内なる壁をドンドンと低い音をたてて、たたき続ける。重要視され、見られ、賞賛されることを望み、見せびらかしたがる(119)。

限度を知らない愛、人より秀でたい、皆を驚かす存在でありたい。商人の服、次に兵士の服、ともかくアッシジの上流社会に受け入れられたいという野心を満たす服……これらの服はフランシスコにとって次第に「きつく」なります。その後、理解と回心の道がはじまるのですが、すでにこの最初の時期にも、フランシスコの生まれながらの性向や運命は明らかで、愛と人間性に満ちていることが見て取れます。もっとも「扱いにくい」人々をも我慢し理解することができたので、平和や平安をもたらすことができました。「やさしさに満ち、当時から、選ばれた美徳の器《うつわ》のように、周りにそのカリスマを醸し出していた(120)」。

聖ペトロの墓に詣でるローマ巡礼で起きた出来事は、もっとも底辺の人々に向けられる彼の親密さを表しています。それは最高に象徴的なおこない、「服」を着ることでした。

その（巡礼の）機会に、その教会の前の大勢の貧者を見て、憐れみの心につき動かされ、また、貧しさへの愛に惹かれ、その中のもっとも困っている人に自分の服を与え、その人のボロ服を身にまとい、不思議な霊的な喜びに満たされて、貧しい人たちの間で一日を過ごした(121)。

悔悛の服。「召命」は、サン・ダミアーノ教会で起きます。教皇フランシスコがアッシジでの最初の説教で語ったように、それは「十字架上のイエスのまなざしから発した」のです。アッシジのフランシスコは、キリストのまなざしを受けます。そのキリストの目は、じかにわたしたちの心に向けられています。

十字架につけられた方は、わたしたちに敗北や挫折を語りません。むしろ、生である死について、いのちを生み出す死について語ります。なぜなら「愛を語る」から。「受肉した神」の愛。そして「愛」は死なず、むしろ悪と死を滅ぼします。十字架につけられたイエスのまなざしに自らをさらす者は、再創造されます。「新しく造られた者」に、「新しい被造物」になります。ここから、すべてがはじまります。変容させる「恵み（Gratia）」の体験。何の功績もなく、罪びとなのに、愛される体験(122)。

回心以前には、豪奢さ、悪癖と罪に溺れていた「プレイボーイ」は、信仰のチャンピオンになります。そしてそれを父への反抗、金持ちの服を捨てるというおこないをとおして実行します。ステーファノ・ブルファーニ教授は次のように書いています。

布地の大商人、父ピエトロ・ベルナルドーネとの対立が最高レベルに達したとき、フランシスコはアッシジの司教グイドの前で「着ていたすべての衣服を脱ぎ、父の手に投げ捨て、皆の前で裸になった(123)」。それから悔悛者の生き方をはじめ、多くの巡回隠遁者が着ていた服を身につけるようになった(124)。

アッシジの裕福な若者は、以前の安楽な生活を捨て、仕える身となる道を歩みはじめます。

「修道士たちの住む隠遁修道院にたどり着き、そこで貧しい仕事着を着て台所で下働きをしながら何日も過ごしたが、ほんの少しのスープだけでも食べたいと願うほど困窮していた(125)」。その霊的な歩みをブルファーニは巧みに記述しています。

トンマーゾ・ダ・チェラーノの伝記によると、「福音の発見」はポルツィウンコラで起きた。あるときミサで「使徒たちの派遣」の箇所が朗読されたが、そこにはかれらが二人ずつ世界によい知らせを告げに行くこと、その方法が明示されていた。

以下はトンマーゾ・ダ・チェラーノの『第一伝記』の一部です。

ある日、その教会で福音を述べ伝えるために使徒たちが派遣される福音箇所が朗読されたとき、そこにいあわせ、おおよその意味を感じ取った聖者は、ミサ後、司祭にその箇所を説明してくれるよう願い出た。司祭は詳しく解説した。すると、キリストの弟子たちは道々、金も銀も金銭も背負い袋も、パンも、杖も持っていてはならず、履き物も、二着の服も持たないで、ただ単に神の国と悔悛のわざを述べ伝えなければならない、ということを聞き、すぐに、神への熱意に満ちて興奮し、叫んだ。「これを望む、これを求める、これを心の底からしたい！(126)」

フランシスカンの服。この「最後の着替え」は、宗教生活の決定的な変化をしるします。フランシスコは隠遁者の服を脱ぎ、僧衣《トナカ》を着ます。またトンマーゾ・ダ・チェラーノのことばを引用すると、「足から履き物を脱ぎ、杖《つえ》を捨て、一着の僧衣《トナカ》で満足し、ベルトをひもに替えた」(127)のです。「限度なき野心」は、信仰への「限度なき熱望」になります！　修道会の決まりのいくつかは「衣服に関すること」でした。まるで「衣服」が誓願と生き方の共存を鮮明に表しているかのようです。そうです、一着ではじまった「僧衣《トナカ》」は、「すべてにおいてすべてをとおして」修道士と一致し、二者は分かつことはできないのです。

ブルファーニは明言しています。「フランシスコ会の聖人伝によると、あの福音箇所は最初の〝小さき兄弟会〟の生活基準になった」のです。したがって、その「小さき」ということばには、社会的に底辺の者であること、誰であろうと隣人とは従属関係に身を置くという、深く自覚された「理論的」な選択がありました。フランシスコは使徒ペトロの勧めを自らのものとします。「主への愛ゆえに、人間の立てたあらゆる制度に従って生きなさい。（……）服従しなさい」（一ペトロ2・13〜14）。このペトロの勧告は『勅書のない会則』に取り入れられ、人間が定めた権威者だけでなく、生きとし生けるもの（被造物）すべてに当てはまるものとされました。

異教徒たちのところへ赴く兄弟修道士たちにとって、その人々の間での霊的振る舞い方には二つある。一つは、喧嘩《けんか》したり口論したりせず、神の愛ゆえにすべての人に服従し、自分がキリスト者であると告白することである。もう一つの振る舞いは、主がそれを望まれることが分かったら、神のことばを告げ、かれらが全能の神、父と子と聖霊を、すべての創造主、あがない主、救い主である子を信じ、洗礼を受け、キリスト者になるようにすることである。なぜなら水と聖霊から再び生まれなかった者は神の国に入れないからである。(128)

同じく『徳への挨拶』でフランシスコは「聖なる従順」を次のように公言します。

したがって彼は世界のすべての人の臣下であり、しもべである。人間にだけではなく、すべての動物や野の獣にもそうであるから、主が上からそれを許されるなら、(誰でも)彼のことを思うようにしてよい。

ここに、フランシスカンの「小さくある」という考えの原点があります。伝記は、新約聖書の箇所から深いインスピレーションを受けたアッシジの聖者のさまざまな説教と絡み合った内容となっており、かれら(伝記作者)のことば、教え、生き方を通じて、フランシスコをイエスに結びつける糸が織りなされています。時と共にさらにぎっしり織られていき、ボリュームが増し、二つの体験を包み込み、一つの「輝かしい証」となりました。タウ（τ）の形をしたフランシスカンの服は忠実に十字架を反映しています。十五世紀ウンブリア地方の昔のイタリア語で書かれた『フランチェスキーナ』の著者ジャコモ・オッディはその服について次のように語っています。

聖フランシスコが身につけた服とはどのようなものか、昔の伝記にはこう書いてある。すなわち、聖フランシスコがキリストの弟子になったとき、文字どおり、十字架に一致した……形を身に帯びた。こうして卑しさを選び、あらゆる人間的な栄光を廃し、十字架を再び現した。そしてわれらの主イエス・キリストへの愛のため、小さき兄弟修道士は、世に対して十字架にかけられ死んだ者となった。(129)

フランシスコの人生と、その人生に決定的変化をもたらしたさまざまな通過点に目をやると、「人生の分岐点の象徴となる、衣服の重要性が明確に浮き上がる」のです。それゆえ「貧しい服を身に着けるのは、兄弟愛（修道生活）へ入ることを表す、福音的貧しさの選択の結果」でした。(130)「遺言」の前掲箇所に戻りましょう。「この生き方を生きるために集まってきた者たちは、所有するすべての物を貧しい人々に分け与えた。かれらは表も裏も繕われた僧衣《トナカ》を一着と、望めば腰ひもとズボンを持つことで満足していた」(131)。

消耗した僧衣《トナカ》

フランシスコの僧衣《トナカ》は、もっとも「底辺にある人々」への「隣人性（その人々の傍らにわが身を置くこと）」のしるしであり、同時に、当時の宗教者たちとの訣別でもありました。

「僧衣《トナカ》と腰ひも」は、当時農夫たちが着ていた「麻袋の服とひも」であったようで、それゆえ小さき兄弟たちを当時の貧者たちに同化させるものだった。長いまたは短いズボンは隠遁修道士や一般市民は履いておらず、いつも世俗の間を巡回していた修道士たちが辱めを受けないためのものだった(132)。

チェラーノの『第一伝記』に戻りましょう。「神への熱意に満ちて興奮し、〝これを望む、これを求める、これを心の底からしたい！〟と叫ぶ」フランシスコは……。

聖なるパードレは、大喜びですぐにこの正しい勧告を実践しようとした。耳にしたことをすぐに忠実に実行せずにはいられなかった。足から履き物を脱ぎ、杖を捨て、一着の服だけで満足し、ベルトをひもに替えた。すぐさま、悪魔のあらゆる誘惑を遠ざけるべく、十字架の形をした服を自分のために仕立てた。自らの肉体とすべての悪徳や罪を十字架につけるため、その服を、世がそれを欲しがることは決してないほど貧弱で粗野に作った。(133)

ここにフランシスコの「最終的進化」があります。服は「十字架の形を再現」するだけでなく、殉教の役割をも果たします。「肉を十字架につけるためにもっとも粗野に作った」のです。ここから、最後の通過点、公の服としての僧衣《トナカ》に導かれます。

兄弟会は迅速に修道会へと発展したため、聖座（ヴァチカン）は、他との混同を招かないために修道服を採用するよう、兄弟修道士たちに求めた。(134) 服装の面で他の修道会の慣習に適合させるのは、「修道会」を正式に認め、修道会が教会の有用性のためにも生き残れるようにと、聖座がフランシスコと小さき兄弟たちに求めたことだった。(135)

何が、ある一つの修道会を存続させるのでしょうか？　何が一人の人を生かし続けるのでしょうか？　何がある修道会やある人が着る服に生命の樹液を満たすことができるでしょうか？　それを着て「おこなう」ことでなくて……。理解し、愛し、対話を求め、感情や人間関係を縫い合わせる力でなくて……。フランシスコの兄弟愛はこれを教えてくれます。平和な人、平和にたどりついた人は、感情や人間関係を繕うことができます。共感をとおして生を創造し、隣人と同調し、つくられた世界に耳を傾けることができるのです。それが一着の僧衣《トナカ》に、そしてそれを着る者に、意義を与え、人間という名にふさわしい者にするのです。フランシスコは、詩編にあるように、主に「新しい歌」をうたいながら、外観を超えた内面に、人々の心の奥底に達することができました。路上で、広場や街々で、山里で、イタリアの小さな町や村、そして世界の道々で。

フラーテ（兄弟修道士）フランシスコの「たたえる」力は、誰であれ彼の前にいる人に尊厳を見いだし、尊厳を与えることでした。その人が何をする人かを超えて、人間を「そのまま」見ること。「かれらのところに誰がこようと、友人であれ敵対者であれ、盗人であれ山賊であれ、心からのやさしさで迎えるように」[136]。金持ち、貧しい人、若者、老人、正しい人、罪びと……誰であっても生きとし生けるものすべては、神の目には大切なのです。神を信じる者であろうと、山賊であろうと、柔和な人であろうと、残忍な者であろうと……。

フランシスコは、グッビオ近辺に住む農民たちを恐れさせていた獰猛《どうもう》なオオカミを「兄弟オオカミ」[137]と呼びました。フェリーチェ・アックロッカは続けます。「そのときフランシスコは……」

> オオカミを恐れる様子はなかった。自分がオオカミより強く、害を受けないと思ったたからではなく、そのオオカミの攻撃性は人間の側から受けた攻撃への反発だと考えたから

だった。もし人間が（動物や、植物、あらゆる被造物を）傷つけなかったら、攻撃されることはなく、宇宙はアダムの時代に享受していたあの至高の調和に帰ることができるであろう。(138)こうして実際、兄弟フランシスコは、ロバの背に乗り、「獰猛化したオオカミたち」が(139)猖《しょう》獗《けつ》を極めるこの世の道を「なんら不運な出来事に出会うことなく」歩み、進むのだった。

「消耗した」とは、一人の人間の、わたしたち一人ひとりの、進む道を示すことばです。ガブリエル・マルセルはそれを「旅する人（ホモ・ヴィアトール）」と呼びました。疲れが増し、消耗し、ときには動機づけを失った……、欺かれた生、汚れた生、誹謗《ひぼう》中傷や決めつけによって消耗した生。名誉を汚され泥を塗られた生。圧迫され、除外された、さまざまな生。しかしわたしたち各人の行き着く安らぎの港は主です。「消耗した僧衣《トナカ》」、とは、わたしたち一人ひとりが進む、そして生きる道のことです。転び、そして起きる。わたしたちは確信しています、主のところでは、扉が閉められていることはないと。そこで、着替えの服、婚礼の衣装を手にして待っていてくれるでしょう。そしてそのとき、わたしたちが最後列にいたら、なんと幸せでしょう。彼はこう言ってくれるでしょう。「こちらに来なさい、わたしの食卓に、わたしの祝いの席につきなさい」。わたしたちの一人ひとりは「縫い目のない」者であり、誰も神の子という尊厳を消すことはできません。「すべて（今までしてきたこと）」にもかかわらず、それは永久に「損なわれていない、完全なもの」であり続けるのです。僧衣《トナカ》は、生はわたしたちを消耗させるであろうことを、そして聖衣《トゥニカ》は、尊厳は損なわれることがないことを、思い起こさせてくれます。

継ぎはぎだらけの僧衣《トナカ》

もう一つ考えなければならない点があります。なぜ僧衣《トナカ》が、「根源的な必要性」を優先させるフランシスコの、「もっとも甘美で厳格な証書」であり得るのか。

善良さ、やさしさ、愛、幸福を追求するフランシスコの努力をそのまま表す「粗末な、継ぎはぎと謙遜と友愛」でできた僧衣《トナカ》。社会学者ドメニコ・デ・マージは、次のような省察を試みるよう促し、最近亡くなった偉大な哲学者、アグネシュ・ヘッレルの啓発的な思考に助けを求めます。定刊誌のサイト《sanfrancescopatronoditalia.it》に載ったデ・マージ教授の談話です。

人間の「必要」には二つのタイプがある。「外側にあるもの」すなわち富、権力、物質的利益の渇望。これは量的必要性であって、量ったり比べたりできるので、より多く所有している者が常に存在し、それが「疎外感と羨望心」を引き起こす。しかし一方、人間の「必要」には、わたしたちの人格と本質的に一致するためにヘッレルが「根源的」と呼ぶもう一つの「必要」がある。それは自らの心の探究、友情、愛、遊び、共に生きる喜びという必要性であり、質のレベルであるために、量ることも売買することもできない。アグネシュ・ヘッレルは一生をかけて「根源的必要」が「疎外をもたらす外側の必要」に勝利するよう、美が善と一致するようにと、闘い続けた。「美を愛し、善良であるよう努めることで、幸福へと導かれる」。

デ・マージは次のように締めくくります。「聖フランシスコが、継ぎはぎだらけで、謙遜と、共に生きる喜びでできた、極貧の僧衣《トナカ》をとおして示した以上に、簡素な真実のことばで語ることはできないと思います(140)」。

「継ぎはぎだらけの一着の僧衣《トナカ》」の謙虚な偉大さは、他者へのリスペクト、隣人に近づくために自分の一部を与えてしまう気前のよさを教えてくれます。同時にそれは、持っているものを粗末にしないよう、再利用し、再構築し、縫い直すように、との教えでもあります。これらの「切れ端」の具体性を語るアルダ・メリーニの詩が思い出されます。

わたしに
修道服を着せてくれた
幸せな方。
それは、薔薇が散りばめられた床になりました。

この布が粗いと感じたことはありません。
芳しい新鮮さ、
朝の匂い、
復活の馨《かぐわ》しさを
感じさせます。
わたしの肩は、弱くなったのに強くなりました。
わたしは信じる農夫となって
神の土地を、その意思（みこころ）のみを
耕します。(141)

現状維持を断ち切り、信じることなく生きた生の「かけら」を集めて再構築し、イエスの後を追って自らを差し出す聖フランシスコの革命的な自由。キリストの聖衣《トゥニカ》が愛の最高の象徴であるように、フランシスコの僧衣《トナカ》は人間への信頼、変貌の可能性、分かち合う力、地上で神の愛を縫い合わせ、再び創造する可能性のしるしになります。愛と信頼は、力あるきずな、おそらくあらゆるものの中でいちばん強いきずな。わたしたち皆にささげられる一着の服がそれを象徴しています。あの継ぎはぎだらけの僧衣《トナカ》は、見た目は単なる朽ち果てた、弱くてもろい服ですが、実は、あらゆるものの中でもっとも真実で、もっとも力強い贈り物なのです。

わたしたち一人ひとりは「修復者」であるよう呼ばれています。最初の「派遣」で、フランシスコは耳にします。「行って、修復しなさい」。わたしたちは皆それぞれ、縫い合わせるよう招かれ、その歩みがフランシスカン、すなわち新しいヒューマニズムの中心です。哲学者アグネシュ・ヘッレルのことばを再び借りると、わたしたちが質のレベルでしなければならないのは、修復し、縫い合わせ、継ぎ当てし、やり直して、世話をすること。これらがフランシスカンの「共生」に関わる「実存の動詞」です。ヘッレル風に言うと、量的レベルに当てはめてみるとそこで目指す地平は、再利用する、無駄にしない、回収すること……。

僧衣《トナカ》は、このような意味で「実存的レベル」と「物質的レベル」を総括する次元を取り戻します。漠然とした感覚かもしれませんが、この「ボロ布」こそ、わたしたち一人ひとりの心に分け与えられた可能性を示しているのではないでしょうか。

灰褐色の僧衣《トナカ》

人間は（自然にとって）「悪」だと理解されることもありますが、同時に、地球の「世話人」だとも理解されます。フランシスコの僧衣《トナカ》、灰褐色の天然繊維の織物は、地球とそこに住む生き物について語ります。ヒバリに擬《なぞら》えてアッシジの聖者はフランシスカンの性質を描写し、服の色を提示します。

姉妹ヒバリは修道士のように頭巾をかぶっている。謙遜な鳥で、穀粒を探しにさまざまな道に喜んで出かける。堆肥の中にそれを見つけても、くちばしで引っ張り上げてそれを食べる。そして飛び交いながら主をたたえる。それは良い修道士が地上の事柄を上から眺めつつ、常に天を仰いで生きているのと同じだ。ヒバリの服、すなわちその羽は土色をしている。このように修道士たちに、エレガントな服ではなく、土のように生彩のない色の服を身につけるようにと模範を示している。(142)

イタリア語の「テッラ」は、土、大地、地球を指します。わたしたちが歩くときに踏む濃褐色の大地のことだけではなく、地球、土（フムス）、生を育む豊かな動植物の生息環境を意味します。「姉妹なる、母なる大地は糧を与え、つくられしもの皆を養います。そして色とりどりの花や草とともに、多くの実を熟させます(143)」。これが兄弟フランシスコのもっとも有名な賛歌で、現代のフランシスコである教皇フランシスコは、この強烈な「現代的意義」を誰よりも理解しました。回勅『ラウダート・シ（Laudato si'）』からのいくつかの箇所をここで引用したいと思います。

聖フランシスコは、「総合的エコロジー」とは数学や生物学の言語を超えた領域へと開かれ、わたしたちを人間の本質に連れていくものでなければならないと、その生き方で証しします。ちょうどだれかと恋に落ちたときのように、彼が太陽や月や小さな動物を見つめると、いつも歌があふれ出し、すべての被造物をその賛美の中に引き込みます。彼は、被造界全体と語り合い（……）それゆえに彼は、存在するものすべてを大切に気遣うよう促されていると感じていました。(144)

それは、フランシスコが創造された世界には神の「署名」があることを知っていて、それを実際に体験していたからです。

フランシスコにとって、すべての事柄は天に由来する同じ一つの起源を持ち、「どんなに小さな被造物でも、兄弟または姉妹という名で呼んで」いました。(145) そのような確信は、わたしたちにとっても、行動を決めるときに、強烈な影響を与えます。教皇フランシスコはその『ラウダート・シ』でこう続けます。

このような畏敬と驚嘆の念をもたず、世界との関わりにおいて兄弟愛や美のことばを語らなかったら、わたしたちの態度は、支配者、消費者、限度を設けることなく当面の必要を満たそうとする冷酷な搾取者の振る舞いになるでしょう。これとは対照的に、もし存在するすべてのものと親密に結ばれていると感じるなら、節制と気遣い（ケア）がおのずと湧き出てくるでしょう。聖フランシスコの貧しさと簡素さは、表面的な禁欲生活などではなく、はるかに根源的なものであって、「現実世界」を利用や支配の単なる対象におとしめてしまうことの放棄なのです(146)。

教皇のことばに付け加えることはほとんどありません。教皇は自らのフランシスコへのオマージュで締めくくりますが、それはわたしたちを刺激し、皆を巻き込む励ましのことばでした。「世界は〝解決しなければならない問題〟である以前に、〝喜びと賛美のうちに観想する神秘〟なのです」。

腕をまくってはじめるしかありません。わたしたちの人間存在の「やぶれた穴」、わたしたちのおこないが隣人や周りの被造物と衝突してつくられたこの裂け目に、当て布を置いて繕いましょう。でもそのためには、自覚しなければなりません。

わたしは土でできた被造物でしかない。水でこねられた、醜行《しゅうこう》の塊、不純の源、邪悪さの窯、罪の建物。さまよう背徳の霊、愚昧な者……わたしは知っている。義は人間のものではなく、生の完璧さはアダムの子のものではないことを。

死海の北西岸の洞窟で一九四七年に発見されたクムランの手書き文書の一部です。これらの文書には、わたしたちが浅はかにも脇に置いてしまいやすい、しかしそうすべきではない、自らの罪や限界を認識する霊性が見られます。そして、兄弟愛を傷つけ、引きちぎる傲慢や横暴の形、独裁の幻覚に注意を促し、清めるようわたしたちを助けてくれます。

フランシスコはこの真実を自覚していましたが、同時に福音には「清い心を創造し、救いの喜びを再び与える（詩編51）」神がいることも知っていました。僧衣《トナカ》がわたしたちの生を助けてくれるのは、謙虚であるための「限界の自覚」です。

自分が何者であるかを自覚することが、わたしたちをより悪くすることはありません。むしろより良くします。ブルース・マーシャルがその著書の中で提案した「自省」は説得力があります。以下がそのことばです。

光が増すにつれて、徐々に、以前信じていた以上に自分がより邪悪であることが見えるようになる。わたしたちの心から、卑しい気持ちがまるで群蜂《ぐんぽう》のごとく出てくるのを、悍《おぞ》ましい爬虫類のように隠れた洞窟からはい出てくるのを見るにつけ、過去の盲目に驚く。しかし驚いてはいけない、うろたえてはいけない。わたしたちは以前以上に邪悪になったのではない。その反対で、より良くなったのだ。(147)

ゆだねられた僧衣《トナカ》、与えられた僧衣《トナカ》、消耗した僧衣《トナカ》。継ぎ当てされた、灰褐色で土色の一着の僧衣《トナカ》。ここまで見てきたように非業《ひごう》にも誰でもが持っている裂傷と限界を示すものですが、裂傷は縫い合わされています。縫ったのは聖キアラの手。自らのマントの一部から取ったであろう当て布も使っています。一つの魂からもう一つの魂によせた、信奉、敬意、愛。愛だけが、縫い合わせ、修繕し、再び出発することができます。フェリーチェ・アックロッカが「自由で深い」と定義する愛です。その愛をこれから発見しに行きましょう。しかしすでにここで一つの真実が示され、語られています。わたしたちは生を産み出すために生まれ、そのために呼ばれているということです。おそらくこれが僧衣《トナカ》の色の真実です。まなざし、思い、振る舞いをとおして、自らの人間存在という大地から生命を産み出す者は、この色を、聖衣《トゥニカ》の赤色に、神自身の心に、重ね合わせなくてはなりません。

Ⅸ
イエス、フランシスコ、そして、共にいた女性たち

イエスの十字架のそばには、その母と母の姉妹、クロパの妻マリアとマグダラのマリアとが立っていた。イエスは、母とそのそばにいる愛する弟子とを見て、母に、「婦人よ、ご覧なさい。あなたの子です！」と言われた。それから弟子に言われた。「見なさい。あなたの母です！」そのときから、この弟子はイエスの母を自分の家に引き取った。

ヨハネ（19・25〜27）

本書の主役たちの人生や教えにおいて、女性たちが演じたのは脇役ではありませんでした。中でも際立つのは二人の女性。聖母マリアとアッシジの聖キアラです。愛がイエスをその母につなぎます。一方、フランシスコとキアラの生を一致させるのも、愛にほかなりません。

イエスの最期とその死の瞬間に十字架のそばにいた女性たちについて、福音書はそれぞれ異

なる語り口で伝えています。ルカは単に「イエスを知っていたすべての人たちと、ガリラヤから従ってきた婦人たちとは遠くに立って、これらのことを見ていた」（ルカ23・49）と記しています。マタイとマルコは、その婦人たちの名前を羅列して、ほとんど同じこと、「遠くから見守っていた」と言っています（マタイ27・55〜56、マルコ15・40〜41）。それから、いつも誰よりも詳細に光を当てるヨハネは、本章のタイトルの下でも引用したように、イエスがマリアに対して「婦人よ、ご覧なさい。あなたの子です！」と叫び、ヨハネにも同じく「見なさい。あなたの母です！」と叫んだと記しています。

これはそれだけで子が母の内に、母が子の内にあることを認める励ましのことばですが、「縫い目のない服」を作ったとされる、あの「婦人」に向けられたのです。もう一度モローニの『歴史的—教会論的大事典』をひもといてみましょう。「マランゴーニによると、（イエスの）聖画はすべて、足まである〝縫い目のない服〟を下に着ている姿で描かれている。この服は縫い目がなく、聖エウティミオが書き残しているように、聖母マリアの手で織られたか編まれたものだった」(148)。

聖母マリアが自らの手で最初のイエスの服、縫い目のない聖衣《トゥニカ》を織ったかどうか手がかりを得るには、ジャンフランコ・ラヴァージが示唆するように、「キリスト教初期の民衆の信仰、とりわけ、信仰と習俗、歴史と空想を書き留めた伝承〝聖書外典〟の世界に足を踏み入れる」(149)

ことが必要になります。マリアの受胎告知については「ヤコブによる外典福音書」の中で、その中心的出来事「神の子の受肉」が二部にわたって記されています。

事実、物語は二つの部分に分かれ、「最初の出来事は、村の井戸のところで起きます。今でもその泉は、ナザレの聖ガブリエル教会の中にあるとされています。二番目の出来事は（マリアの）家の中で起きます[150]」。

以下が二世紀に記された「外典福音書」の箇所です。

> 水差しを持ってマリアは水を汲みに出た。すると突然、「喜べ、恵みに満ちた方、女の中で祝福された方、主はあなたと共におられる！」という声が聞こえた。どこからその声がくるのかと、マリアはまわりを見渡した。震えながら家に戻り、水差しを置き、緋色の糸を取り、腰掛けに座って糸を紡ぎはじめた。

前述の「信仰、習俗、空想の伝承」をもとにすると、これは、最初から最後の日まで、イエスの聖衣《トゥニカ》になったものではないでしょうか。

「受胎告知」の第二の部分も紹介します。

彼女の前に主の天使が現れた。「恐れるなマリア、すべてのものの主の御前であなたは恵みを受けたのだから。そのことばによって、あなたは受胎するであろう！」それを聞いてマリアは当惑した。「生きておられる主なる神のみわざによって、わたしは受胎し、ほかのすべての女性たちと同じく出産しなければならないのでしょうか？」と心に思ったからである。しかし主の天使は彼女に言った。「そのようにではない、マリアよ！　主の御力が自らの影であなたを覆う。それゆえあなたから産まれる聖なる者はいと高き方の子と呼ばれることになる(151)」。

前掲のモローニの事典に戻ると、「よく考えれば、この服が母マリアの手でキリストのために織られたのは、昔の伝統によるもの(152)」なのです。さらに、十五〜十六世紀の詩人バッティスタ・マントヴァーノが「聖書や昔の文献によると、女性たちが家族の男性、子供や兄弟や夫の服に刺繍する習慣があった」と述べているとしています。

古代においては、わが子サムエルのために自分の手で服を織ったハンナのように、服を作るのは女性の仕事だった。アレクサンダー大王は母や姉妹が作った服を着ていた。このように、アウグストゥスも妻や娘たちが作った服を使っていた。ホメロスとウェルギリウスもそのような例を他にも挙げている。聖金口イオアン（クリュソストモス）は女性たちの

間でぜいたくがはびこり、当時、服や、布を織る仕事が男性たちにまわってきたことを嘆いていた。(153)

それではここで伝統（昔の文献）から離れ、みことば（聖書）を再び手に取りましょう。教皇ベネディクト十六世は、ヨハネの福音書を、「イエスの最後の意向(154)」と呼び、深読の機会を与えてくれます。広大な景色を展開させ、わたしたちの人間存在（それが豊かであろうと乏しいものであろうと）にとって刺激となり参考になります。二〇一一年に放送されたＲＡＩ−１の番組「A sua immagine」のインタビューでは、「イエスを見よう」と言い、キリストのことばを次のように定義しています。

人のわざをおこなう真の人間として、母への愛のしるしとして、母が安全に生きられるようにと母を若いヨハネにゆだねます。当時東方では、家族のいない一人の女性は耐え難い状況に置かれました。この若者にお母さんをゆだね、そして若者にお母さんを与えます。ですからイエスは実際に人として、深い思いやりで振る舞います。これはわたしには美しいこと、重要なことだと思えます。いかなる神学にも先立って、ここにイエスの真の人間性が、真のヒューマニズムがあると思います。(155)

この四つのことば、「婦人よ、ごらんなさい、あなたの　子を！」に、救世主の人間性のすべてがあります。

ベネディクト十六世にとって、この（イエスの）すすめは、多くの次元を巻き込み、さらに深い第二の段階へと導くものでした。

ヨハネをとおしてわたしたち皆を、教会全体を、未来のすべての弟子たちを、母にゆだね、そして母をわたしたちにゆだねます。そしてこれは歴史を通じてずっと実現してきました。人間たち、キリスト者たちは、イエスの母が自分たちの母であることを理解してきたのです。(156)

「母」から「姉妹」へ。聖なるおとめマリアから、アッシジのキアラへ。「フランシスカン原典資料」のおかげで、キアラの共同体が住むサン・ダミアーノ教会にフランシスコが頻繁に足を運び、「聖なる教え」を授けていたことが分かります。(157) しかし、かれら二人の特別な関係について考察する前に、フランシスコが兄弟修道士たちに、「悪いまなざしと女性たちとの交際」を避けるようにと注意していたことについて、説明しておきたいと思います。(158)

フランシスコと異性との関係については、すでに多くの書物が出ていますが、フェリーチェ・アックロッカが次のようにまとめています。

フランシスコはどのような態度をとっていたのか？　ずっと言われてきたように、ほんとうに最初から第二修道会（クララ会）の創設者だったのだろうか？　それとも、晩年によく言われてきたように、あらゆるタイプの女子修道会の創設には迷いがあり、慎重だったのだろうか。第二修道会の創設にはウーゴ・ディ・オスティア枢機卿（グレゴリウス九世）とその後継者がかかわっていたが、女性嫌いのフランシスコというイメージも真実ではなかった。ただし、フランシスコも修道士たちが避けることはできない女性の世界との接触が堕落への道とつながるのではないかと心配する時代の人ではあった(159)。

「敬意と思いやりをもった態度」ではあっても、同時に厳しく慎重な態度をとったことでしょう。事実、『フィオレッティ』の中のエピソードによると、キアラを食卓に受け入れる前に仲間たちの意見を聞いています。「あなたがたがそう思うなら、わたしもそう思う」。聖者は「仲間たちの助言を受け入れて」キアラを迎えます。

そしてサンタ・マリア・デッリ・アンジェリでのあの「祝福された食事」のとき、素晴らしい「神への近づき」という出来事が起こります。

食卓につくと、フランシスコは神についてあまりにも芳しく、気高く、素晴らしく語りはじめたので、皆の上に神の恵みがさんさんと降り注ぎ、全員が神のうちに心奪われた。

このように恍惚状態のまま目と手を天に向かってあげていると、アッシジやベットーナや周辺の村の人々はサンタ・マリア・デッリ・アンニョリ（アンジェリ）と、当時それを取り囲んでいた森やあたり一帯が燃え盛っているのが見えた。まるで教会、その場所、森などすべてが大火事になっているようだった。

「フランシスカン原典資料」によると、「その地域の住民たちは火を消しに走っていきました」。

しかしそこには何も燃えていなかった。中に入ると、聖フランシスコ、聖キアラ、共にいた仲間たち皆が心奪われた状態で神を観想しつつ、貧しい食卓のまわりに座っていた。そこでかれらは気づいた、あれは現実の炎ではなく、神の炎。神の愛の炎が聖なる修道士、修道女たちの魂を燃え立たせていることを示す奇跡の炎だったと知って、聖なる啓発と大きな安らぎで心満たされて帰っていった。しばらくたってから、われにかえったフランシスコ、キアラと仲間たちは、霊的な食べ物で慰められたと心に感じ、体のための食物には関心が向かわなかった。その祝福された食事を終えて、聖キアラは仲間に伴われてサン・ダミアーノに戻った。(160)

アッシジの二人の人生はこのように絡み合っていたのですが、フランシスコの伝記から、この二人の一致、キアラの重要性、その霊的進展などについて、うかがい知ることはできません。しかし、聖ボナヴェントゥーラの『大伝記』の中に、その一片が見られます。フランシスコの説教に感動し、フランシスコと共にいようと修道士になるために多くの者がやってきたことを記す場面です。

永久に未婚でいると誓って神に自らを奉献するおとめたちもいた。その中に、神によなく愛されたおとめキアラもいた。彼女は小さな最初の苗木だった。春に咲く白花のごとく香りを漂わせ、いちばん輝かしい星のようにきらめいた。いまや天の栄光の内にある彼女は、地上では教会によってふさわしく崇敬されている。彼女は、キリストのうちに、アッシジの清貧の人、パードレ聖フランシスコの娘であり、「貧しい女性たち」の母であった。[161]

フランシスカニズムの歴史家であり専門家のキアラ・フルゴーニは強調しています。

その後、キアラは消える。ボナヴェントゥーラからは彼女の、そして仲間の女性たちの生について、何も知ることはできない。フランシスコのことばや意図を忠実に守り抜いたキアラは、その後男子修道会が解釈を施していった「進化」に追従せず、あのフランシスコのメッセージだけに純粋に従った[162]。

堅固で忠実だったのはフランシスコとキアラの、そしてサン・ダミアーノの全共同体との関係でした。現存するフランシスコの書き残した文書の中で、フランシスコはキアラの名を一度も挙げていません。そうであっても、かれらの関係は「実際的で深かった」のです。フェリーチェ・アックロッカが示すように、「原典資料」が証明するいくつかの出来事があります。「病に伏してサン・ダミアーノの共同体に滞在していた折、『兄弟太陽の賛歌』を作詞したのと同じときに、サン・ダミアーノの共同体に向けてフランシスコが書いた」『聞いてください、貧しき女性たち（ポヴェレッレ）よ』もその一つです[163]。

その前に、少し寄り道をしてみましょう。作家のダーチャ・マライーニが軽妙な深い洞察をプレゼントしてくれています。サン・ダミアーノの小さな畑の石の上に座ったフランシスコの絵がありますが、それを題材にしています。聖者は目をつむり、想いにふけっているかのようです。伝記によると、その前夜、どういうことかネズミに占領された僧坊で、大きな肉体的苦痛を味わいました。

そこで作家のファンタジーが次のように描き出します。

一匹のネズミだけが僧房に残り、まるで賢明な老人のようにデリケートにやさしく、病者の寝台の横に座る。ぬれた鼻の上にかすかに揺らぐ長いひげ。その小さな顔を持ち上げて、聖者を注意深く見つめる。彼を見つめたあのオオカミのようなしぐさ。友情と感謝の気持ち。ことばはいらない。見開いた小さな目、生きる喜びで輝く目は、自然は美しく、太陽は兄弟、月や星も姉妹、水も火も人間の友だち、そしてネズミたちもそうだと、彼に言う。それから、静かに礼儀正しくお辞儀したあと、壁の向こうに引き下がる。地面には何も残っていない。食べ物のひとかけらも。チーズを包んでいたボロ布も消えている。空気中には、野生のかすかな匂いが漂うのみ。

マライーニは続けます。

フランシスコはほほえむ。熱を持った体から不思議にも痛みが消えている。そこで寝台から起き上がり、サン・ダミアーノの小さな庭に出る。石の上に座り、新しい春を告げる暖かい太陽を浴びて、あの晴れやかでやさしいことばを、今でもわたしたちに自然との兄弟愛を伝えてくれる、あの美しく清新なことばを書きはじめる。(164)

このように作家は、フランシスコがサン・ダミアーノという場所で、イタリア文学史上もっとも美しい詩の一つを書いたときのことを想像します。

それでは寄り道から戻って、フランシスコとクララ会の修道女たちを結ぶ関係についての考察に移りましょう。もう一度フェリーチェ・アックロッカの記述に戻ると、彼女は「フランシスコと女性たち」で次のように書き記しています。

「聖者がサン・ダミアーノの姉妹たちのために書き、キアラが自らの会則第六章に転記した〝生のかたち〟の信憑性《しんぴょうせい》を疑うことはできない[165]」。

左記が、その聖キアラの会則からの箇所です。一二五三年に教皇インノケンティウス四世が認可した、クララ会会員に求められる生き方を記しています。

それから、幸せなるパードレ（フランシスコ）は、わたしたちがあらゆる貧しさ、苦労、懊悩《おうのう》、辱しめ、世からの侮蔑を恐れるどころか、大いなる喜びとすることを考慮し、憐れみに突き動かされて、次のような「生のかたち」を書いてくださった。「神のインスピレーションを受けて、いと高き最高の王、天の父の娘であり、しもべになり、聖霊と婚姻し、聖なる福音の完璧さに基づいて生きることを選んだあなたがたに、わたしと兄弟修道士たちをとおして、かれら同様、常に、熱心な配慮を向け、心を砕くことを約束する[166]」。

フランシスコとサン・ダミアーノの共同体、とりわけフランシスコとキアラの間の特別な関係について広範に述べてきましたが（この「前置き」が表面的に終わらなかったことを期待します）、消すことのできない「跡」が残されていて、それをたどることで、本書の目的、アッシジの聖フランシスコ大修道院に収められている、聖者の僧衣《トナカ》に達することができます。

すでにお話ししたように、本書を執筆することになったのは偶然で、月刊誌「イタリアの守護聖人、聖フランシスコ」二〇一九年十月号の準備の編集会議でのことでした。聖者の僧衣《トナカ》を題材にしようと決定されたことが発端となり、長年図書館の棚に置かれたままになっていたバックナンバーの間に「メフティィルド・フリュリ‐レンベルグによる研究報告」が「再発見」されたのです。知ってたと言う者も、忘れてたと言う者も、存在さえ知らなかったと言う者もいました。

この研究報告では、キアラの服とフランシスコの服の「関連性」が説明されています。月刊誌「イタリアの守護聖人、聖フランシスコ」一九八九年二月号に載った報告の抜粋を、いくつか紹介しましょう。

偶然が重なって、このフランシスコの僧衣《トナカ》が、フランシスコ会の歴史におけるもう一つの重要な資料の発見につながった。キアラのマントを観察すると、フランシスコの僧衣《トナカ》との関係にすぐに気づかされる。フランシスコの僧衣《トナカ》の上に丁寧に重ねられた多くの茶色の切れ端は、すべてキアラのマントから取られたものだった！[167]

研究者が最後に置いた感嘆符（！）は、発見の重要性を明確に表すには不十分でしょう。そして、この「再発見」について書こうとする著者の感動も、感嘆符だけでは済みません！フリュリ-レンベルグはキアラのマントを次のように説明しています。「幅約55センチ、長さ約356センチの布地で、マントを形作るために首周りから20センチのところで再び縫われている」。研究者はさらに続けます。

> 前で開かれていて、今は後ろでも開かれている。フランシスコの僧衣《トナカ》は以前、中央の縫い目があったところで欠損している。キアラのマントの切れ端がフランシスコの僧衣《トナカ》の上に、とりわけ丁寧に縫い付けられていることから、この作業は疑いなく一人の人の手によってなされたものである。[168]

「もし聖キアラがこの作業をおこなったとしたら」と、研究者はさらに考えます。

> いつ？　という問いが発生する。キアラはフランシスコの死後も長く生きている。フラ

ンシスコの存命中に、信仰の兄弟の僧衣《トナカ》を繕った可能性もあるが、聖者の死後、最後にささげる愛のわざとして、すでに「聖遺物」とされていたあの貧しい服を自分のマントで「美しくした」ことも考えられる。縫い目の保存状態がよいことは、後者の可能性を高める証拠とも言える。

「とはいえ、疑いのないのは……」とフリュリ‐レンベルグは次のように締めくくっています。

僧衣《トナカ》の上に切れ端を縫い付けたのは聖キアラであること。なぜなら、キアラの死後、姉妹（シスター）たちが自分たちの修道会の創設者のマントを傷つけることは考えられないからだ。このマントもたいへん重要な聖遺物となっていたのだから。(169)

キアラのとりわけあの服への献身的執着は、次の考察へと導きます。

フランシスコの僧衣《トナカ》に、キアラのマントから取った切れ端が使われていたことは、聖フランシスコのものとされている僧衣《トナカ》の中でも最後のこの僧衣《トナカ》が本物であることを裏付ける証拠となる。聖キアラは、涙ぐましいほどいちずな思いで服を繕ったとき、どれが聖者の着ていた最後の僧衣《トナカ》であるかを知っていたはずである。(170)

この説明にはあぜんとします。フリュリ-レンベルグのこの記述から、キアラのフランシスコへの愛着がいかばかりだったか、想像することができます。彼女自身が「遺言」に書いているように、自分の服の切れ端で「パードレ」の修道服を繕ったのです。前章で筆者は、「縫い合わせる」こと、他者の身にわが身を置くことのできる大切さについて触れました。それにあてはまる、これ以上の振る舞い、これ以上の「もの」が、あるでしょうか。聖者の旅立ち（トランジト）の後も少しも変わらないきずな、その最後の服をとおして、未来の世紀を超えて続く一致（一緒にいること）。キアラはフランシスコの服の引き裂かれた部分を縫い合わせます。聖女は自らのマントの一部を提供して、二つの魂の一致、フランシスコのメッセージの炸裂する力を確固たるものにします。二つの柱だったキアラとフランシスコの体験からのメッセージ。一着の僧衣《トナカ》に包まれて、それは輝かしい受肉の象徴となります。

兄弟修道士は皆、安価な服を着るように。神の祝福を得て、粗布やその他の切れ端で繕うように。なぜなら主は福音書でこう言っておられる。「高価な服を着て豪奢な暮らしをする者や柔らかな服を着ている者たちは王宮にいるのだ(171)」。

「勅書のない会則」は、「神にこよなく愛されたおとめ」キアラの愛のおかげで、いのちを吹き込まれます(172)。

そして従順な姉妹である聖女のおかげで、フランシスコの僧衣《トナカ》以上に、フラーテ・フランシスコの意思、霊性、メッセージを顕《あらわ》すものは世界にないと断言できます。資料であろうと、文献であろうと、他のいかなるものであろうと。

聖母マリアも、キアラも、生きる上でどれほど他者への思いやりが重要かを、直接または間接的にわたしたちに語ります。相手を思いやり、世話をすること。もう一人の偉大な女性、コルカタの聖マザーテレサの苦い省察が思い起こされます。

今では、顔を見合わせたり、話し合ったり、喜びを伝え合ったりする時間さえありません。子らがわたしたちに期待しているような存在であること、夫が妻に、妻が夫に期待しているような存在であることは、なおさらできません。こうしてわたしたちはますます触れ合うことが少なくなっています。世界はいたわりとやさしさの欠乏で崩壊します。人々は愛に飢えています。なぜならわたしたちがあまりにも忙しくしているからです。

パンや水のようにシンプルな、説明のいらないことばです。大切にされていないという、明白な真実を語っています。やさしさに満ちたことばですが、良心を突き、ラヴァージ枢機卿がその著書、『朝課』で指摘するように、無関心を阻止します。目を見つめ合い、やさしいことばを交わし、互いに話を聞き、握手をし、やさしくする、これらは、概説で述べた「あの神学」を代表する振る舞いであり、わたしたちにそう生きるようにと招く聖衣《トゥニカ》と僧衣《トナカ》の本質です。

アントニー・デ・メロの格言によると、

ある偉大な師の弟子たちが「理想的な弟子とは何か」と質問した。師はこうこたえた。「二着しか服を持っていないのに、そのうちの一着を売り、その代価で、誰かにプレゼントするための花を一輪買う者だ」。

X 着ている服を、生きる

「もしどうしても僧衣《トナカ》の内側にこの毛皮をつけて欲しいと言うなら、同じサイズの毛皮を外側にもつけさせてくれ。外側に縫い付けてあれば、内側に毛皮が隠れていることが分かるだろう」。それを聞いた兄弟修道士は賛同できなかったので何度も断ったが、聞き入れてもらえなかった。最後に修道院長が折れて、一枚の毛皮の上にもう一枚の毛皮を縫い付けさせた。フランシスコが〝内側が外側にも現れている〟ようになるためである。おお、生き方とことばが一致しているという、なんたる一貫性！

トンマーゾ・ダ・チェラーノ
『第二伝記』XC-III、FF 714

この数か月の、読書、熟考、研究、祈りに没頭した日々は、わたしにとって素晴らしい旅となりました。過去数世紀にわたる分厚い本の数々から、現在のインターネットのサイトまでをとおして、二つのことば、「聖衣《トゥニカ》」と「僧衣《トナカ》」の意味、歴史、象徴性を探る旅はわたしを熱中させ、また「衝撃を与え」ました。フランシスコの子、フランシスコ会修道士として、さらに深く、ある生き方、すなわち修道者としての生き方を選択する意義について、もう一度立ち止まって考える機会を与えてくれたのです。

その「一貫性」の模範、「生においてもことばにおいても同一」であること、それはあまりにも峻厳《しゅんげん》で、ときには「邪魔になる」かもしれませんが、常にインスピレーションを与えてくれます。『第二伝記』の「虚栄心と偽善に抗して」についての箇所で、トンマーゾ・ダ・チェラーノは次のようにたたえます。

従う者としても上長としても、内と外が同じであること！　主の栄光のみを願っていたあなたは、公にも個人としても一切栄光を欲しがらなかった。一つの皮がもう一つの皮の代わりをしたなどと言っても、毛皮を着ている人を侮辱することにはなるまい。事実、無原罪の状態を失ったために「皮のトゥニカ」を必要としたのだから。(173)

こうして、出発点につながり、円は閉じられて、完成しました。

メフティルド・フリュリ‐レンベルグの「発見」を大々的に報じた「イタリアの守護聖人、聖フランシスコ誌」の出版に当たった、オラーツィオ・フランシスコ・ピアッツァ師は、わたしたちが聖衣《トゥニカ》と僧衣《トナカ》を対比させたことについて、「選択的親和性をもとに、フランシスコと、わたしたちの唯一の希望である主イエスとを照らし合わせたのは、素晴らしいひらめきだった」[174]と述べています。この研究作業（歴史的・科学的に最終的な答えを出すことは目的としていません）を進めるにあたって最大の動機となったのは、ある問題の痛切な現代的意義でした。すなわち、道、歩むべき行程の選択、そして、（どうして省くことができるでしょう？）「着る服の選択」です。そして、誰でもが、自覚しようと無意識であろうと、しなければならないこの選択が、個々人そして共同体全体の生き方に本質的な結果をもたらすことになるのです。

　イエスは自らを犠牲にし、父に、主の御手に、自らの霊（息、いのち）をゆだねます。アッシジのフランシスコは神の子の足跡を追い……聖痕を受けます。拷問され、十字架にかけられたキリストはもっとも強い「武器」を使います。「父よ、かれらをお赦しください。自分が何をしているのか知らないのです」（ルカ23・34）。まさに服がサイコロに賭けられていたときに発揮された、赦しの力。聖フランシスコは、赦し、恵み、栄光をわたしたちに与えてくれた創造主に感謝をささげます。

　　わたしたちの創造主、あがない主、救世主のほかには何も望まず、欲せず、好まず、心を奪われないように……。彼から、彼をとおして、彼の内に……すべての悔悛者と義なる者の、天で共に楽しむ幸せな者たちの、あらゆる赦し、あらゆる恵み、あらゆる栄光があるのだから。[175]

イエスとフランシスコは、もっとも純粋で直接的な力強い方法でわたしたちに現れ、かれらの生を唯一の目的、人類の救いにささげました。そのために、かれらのもっとも深い本性を証す服を着ました。人生が終焉《しゅうえん》すると、それらはかれらの生の象徴になったのです。ジャーナリスト、フランカ・ジャンソルダーティの記事の卓抜なタイトルは「はじめに、フランシスコの修道服があった」でした。

循環型経済は、少なくともそれが芽生えた時期に関していうと、あの時代（十三世紀前後）と無関係ではない。最近発見された聖フランシスコの修道服でさえ、異なる種類の再利用された布地を十字架の形になるよう縫い合わせたものだった。したがって中世前期ではいわば〝未完成の〟循環型経済の道が開かれていたのだ。[176]

一着の服が、魂や思考の、あるいは共同体的な意識のしるしに、それゆえ「環境」など概念の変化のしるしになることがあります。同じく、一着の服が、「持続可能性」のようなコンセプトを表現することも可能です。フランカ・ジャンソルダーティは記事の他の箇所で次のように述べています。

「時」の音を長くするピアノのペダルのような一つのことば。中世の偉大な思考家を生み、十三世紀にはカトリックの世界で広がっていたある一つの概念が、教皇フランシスコの回勅『ラウダート・シ』の中心となった。

一着の服が、宗教、文化のレベルだけでなく、社会、経済、政治的なレベルにおいても〝表現できる〟という潜在的な可能性は、肯定的にとらえられるべきです。この「旅」のはじまりに引用した「腰の思想、またはジーンズで生きること」でウンベルト・エーコは、「外的態度を示すのに使われる〝服〟とは、記号学的創造であり、伝えるための機械なのだ」と言っています。つまり、服はわたしたちのパーソナリティを表す一つの形。したがって注意深く大切に扱うべきなのです。とりわけ享楽主義や見た目を過度に重要視する病に犯された現代社会では。「服を着ることとは、体の内なるプシケ（精神、心理）の、そしてプシケの内なる体の〝イメージ〟という、本質的な深い観点からではなく、それとは異なる次元の物として扱われてきました」[177]。心理の次元に入ってみましょう。着ている物は自らの表現、外部に向けた演技の一つの形です。自分自身に、そして他者に印象付け、マインドと関係しています。「服装は体の外側の寸法に何かを加えることで、わたしたちにいわば力の増大を、わたしたちの〝肉体的自分〟の広がりを感じさせる。実際、わたしたちにより大きな空間を占めさせる[178]」のです。

プシケ（精神、心理）だけではありません。服は社会・経済的分析のテーブルにも乗っています。ピアッツァ師は、富と権力を持っていても、その二つの要素を「見える形」にしないと他者から認められ承認され続けることはできず、そのような承認を継続させることはできない、とソースティン・ヴェブレン著の『有閑階級論』を引用して述べています[179]。

わたしたちは服を着ていることによってより大きな空間を占めます。わたしたちはそれに気づいているし、周りにいる人も気づいています。したがって、占める空間が建設的で持続可能なメッセージで満たされている必要があります。わたしたちの服の着方、おこないは、隣人の上にも反映されます。こうした可能性が、ポジティブな拍車となって他者への刺激となりますように。

イエスもフランシスコも「見かけ」の上に築かれたあらゆる思考回路を覆します。キリストと、アッシジの聖者は、地上においてもっとも実態性のある歩みをしました。フィレンツェのサンタ・クローチェ教会にある、フランシスコの生涯を描いたバルディ礼拝堂の三番目の絵は、「服選び」の場面。服は中央に描かれています。

「服を替える」のは寓意《ぐうい》、すなわち内面の変身を象徴的に描いたものである。それゆえ修道服は、フランシスコ（まだ隠遁修道士の服を着て右に描かれている）が作った十字架の形をしている。フランシスコは隠遁修道士の長い杖で左にいる司教と助祭にそれ（十字架の形の服）を示している。二人は（その服の）本質的な質素さに驚いている。(180)

フランシスコの「質素さ」の選択は、わたしたちを本質性へと導きます。自分が着ている服の中に「住む（それを生きる）」可能性とつとめについての自覚をもたらします。そして、それをとおして、わたしたちの行動の本質的シンプルさに、この選択が他者にとって「目に見える重要性」があることに、気づかされます。おこないは、わたしたちが着ている服と同じように、「その人（ペルソナ）の実際の状態、多くの場合、すべての人間に共通のもろさや限界にさいなまれた状態を、そのまま表す」のです。(181)

イエスの聖衣《トゥニカ》とフランシスコの僧衣《トナカ》の間をさまよう旅。それをとおして、消し去ることのできない歴史と信仰の模範を示した二人の体験に、いくつかの共通点があることに気づきました。これらの共通点をとおして、読者の皆さんが、シンプルであると同時に革命的な振る舞いの重要性に目を向けてくれることを願っています。かれらの伴《とも》をしたのは、もろさと苦しみでした。同時に、当時の人々や後世の人々に新しい道を示すことになる、かれらの選択の炸裂《さくれつ》的な力です。未来のそして永遠の戒告として残された二人の服。宗教的であろうと非宗教的なアプローチであろうと、この示された航路を愛をもって選ぶか否かの責任はわたしたち皆に、そして後世の者たちに、ゆだねられています。

イエスの服を、そしてフランシスコの服を、手で触り、その「手ごたえ」を五感で感じること。悪への抵抗を可能にする、その感触。最近、《sanfrancescopatronoditalia.it》のサイトにアクセスしたかたがたも読まれた、精神分析学者マッシモ・レカルカーティの記事には、アルベール・カミュの『ペスト』に登場する司祭のことば、「ペストから逃げてはいけない。抵抗できる唯一の方法は、そこに残ることだ」が引用され、悲しくも現状を想起させます。苦しむ者たち、疫病に翻弄される者たちの、そばに居残ること。そしてレカルカーティはこう続けます。

それはフランシスコがその回心の初めのころに実行したことだ。重い皮膚病者たちは街から遠く離れて住んでいた。フランシスコは、キリスト者のつとめは疎外された人、底辺の人、苦しむ人の近くにいることだという。そう、「居残る」とは、おそらく「看病」よりも高潔な、一つのことば……。悪の激しさを前にして、共に居残る力。これが人を人らしくする。今日のわたしたちを人間らしくする。

共に居残る力が、今日、わたしたちを人間らしくします。そして、聖フランシスコとそのメッセージを具体的に示すことばは何か、わたしたちは自らに問いかけることができます。彼の模範は現代の人たちに何を与えてくれるでしょうか。

二〇一九年六月に開催されたチャリティー・コンサート「心から」に参加したシモーネ・クリスティッキは、アッシジの聖者とは誰かについての自分の思いをルイジ・ヴェルディ神父のことばを引用して述べました。「今日、人類は長く歩き続けたから疲れているのではなく、歩くのをやめたから疲れているのだ」。アーティストのクリスティッキは、聖フランシスコ修道院の会見室で、「フランシスカニズムに関する講義」とも思われる講演をおこない、普段使われているシンプルな三つのことば、「注意（attenzione）、謙虚（umiltà）、幸福（felicità）」で、自らのフランシスコ像を紹介しました。

最初のことば「注意」の語源となったラテン語「ad-tendo」について、歌手のクリスティッキはそれは「何かに向かう」こと、「魂を何かに向ける」ことだと説明し、

今日それは革命的な行為です。自分たちのエゴ、自分たちの「小さな畑」から外へ出て、外には何があるか、周りに世話しなければならない人はいないか、自分たちを取り巻く環境に目を向けること。「注意を払わなくなってしまった世界」に向けられた、「注意」ということば。

二番目のことば、

それは「謙虚」。「地 humus」から派生したことば。地に戻り、耕される土、世話を受ける畑になることです。「謙虚」であるとは、すべてのものがわたしたちに与えてくれる知と美の種を受ける用意ができていること。誰でもがわたしたちに何かを教えてくれます。

「幸福」は心の状態だけでなく、農業についても用いられ、樹木や畑が豊かに実を結ぶときにも同じことばが使われ、その意味は「幸運、豊穣《ほうじょう》」でした。

わたしたちもクリスティッキがしたように、いつ、どのようなときにほんとうに幸せだと感じられるか、自問してみましょう。それは、人生の中でするわたしたちのおこないが、たくさんの実を結ぶときではないでしょうか。

しかし、おそらくフランシスコの教えは誤解され続けます。わたしを夢中にさせたこの探求が終わりに近づき、多くの人からこの数か月の作業の「まとめ」を頼まれました。映画『神との対話』に出てくるアメリカ人説教者、ニール・ドナルド・ウォルシュのことばが思い起こされます。聴衆の中から一人の女性が進み出て説教者に言います。「神がわたしたち皆に送るもっとも重要なメッセージのまとめをしてください」。彼はこうこたえます。「四つのことばに集約しましょう。〝あなたがたは　わたしを　誤解　した〟」。わたしにとってもこれが「まとめ」です。不朽の、沈黙の、壊れそうなほど繊細でありながら、消し去ることのできない、この二着の服がわたしたちの心にささやき続ける、メッセージです。

「誤解」のかなたに行きましょう。苦しみと孤独のときが、深い夕べが、恐れと狼狽《ろうばい》のときが、もうきたように思われるとき、「理解する努力をしましょう」と教皇フランシスコはコロナ禍の終焉《しゅうえん》を祈願する祈りの中で薦めます。サン・ピエトロ広場でのたった一人での説教は、歴史に、信仰に、人類にわたされた、もっとも美しい思いの一つ、比類ない力をもつイメージと内容でした。

嵐はわたしたちのもろさの仮面をはぎ、わたしたちの手帳、計画、習慣、優先事項を構築したうわべの安心をむき出しにします。見せつけられるのは、わたしたちの生や共同体にエネルギーを与え、支え、強めてくれる事柄を、いかにして、わたしたちが眠りにつかせ、捨て去ったか。嵐は、わたしたち民の魂を育んできたものを「荷造りして」忘れ去ろうとするすべての意図をむき出しにします。見た目は「救ってくれる」習慣、しかしわたしたちの根幹には届かない、わたしたちの年寄りの記憶を呼び覚ますことのできない、あの麻酔にかけようとするすべての企てを、むき出しにします。そのようにして、わたしたちから逆境に立ち向かうのに必要な免疫を取り除こうとするのです。常に自分のイメージを気にするわたしたちのエゴに仮面をかけていた、あのステレオタイプという化粧が、嵐によって落ちました。そして、わたしたちから取り上げられてはならない、「共同体の一員であること」の意義が、再発見されました。「なぜ恐れるのか？　まだ信じないのか？」主よ、あなたのことばはわたしたち皆の心を打ち、わたしたち全員に向けられます。わたしたち以上にあなたが愛しているこの世界で、わたしたちは強く、何でもできると思い込んで、超高速で邁進《まいしん》してきました。もうけを求め、物質文明に吸収され、性急さに巻き込まれてきました。あなたの呼びかけに立ち止まりませんでした。地球レベルの戦争や不正の前にもわたしたちは目覚めませんでした。貧しい人々の、そしてわたしたちの重症の地球の叫びに、耳を貸しませんでした。病んだ世界でずっと健康でいられると思って平然と、わたしたちは行進し続けました。今、荒海の中、あなたに懇願します。「目を覚ましてください、主よ！」(182)

聖衣《トゥニカ》と僧衣《トナカ》は言います。このように暴露され、裸になったわたしたちは、病んだ世界で平然と走り続けることはできない、と。このことに思いをはせていると、今、もう一つの表象がわたしの心に浮かびます。聖衣《トゥニカ》も僧衣《トナカ》も、二つの「裸体」のところに、わたしたちを連れていきます。第一の裸体は十字架の上に、第二の裸体は何もない地面に。

自らが裸でいることを認め、もろさを抱きしめること。わたしたちは服を脱がされ、弱く、もっとも底辺にいる者であることを認め、受け入れること。もう一度、教皇フランシスコの最初のアッシジ訪問のときのスピーチに耳を傾けましょう。「わたしたちの良心に問いかけるこの場所で、キリスト者一人ひとりが、教会が、心あるすべての人が、貧しい人、愛されたいと願っている人に会いに行くために、必要不可欠でないものを〝脱ぐ〟ことができるよう、祈りたいと思います(183)」。

読者とお別れする前に最後の省察をさせてくれることばです。何が、よき羊飼いであるイエスと、その弟子フランシスコに、力を与えたのでしょうか。受難において、病苦において。苦難にあっても、苦難をとおして、何がかれらに力を与えたのでしょうか。聖衣《トゥニカ》と僧衣《トナカ》はほんとうに、もっとも純粋で至高の信念のしるし、愛（カリタス）と、御父との最高の近しさのエンブレムになれるのでしょうか。

本書の出発点から、そして執筆、校正の段階まで、ジャンフランコ・ラヴァージ枢機卿から受けた素晴らしい解釈に助けられました。彼は言います。「神は、キリストのうちに苦しむ。それは真実だが、一方でこうも言える。キリストはこの世での生において、人間として、苦しむ者たちの兄弟となった(184)」。大胆なことを言うようですが、もっとも小さな部分において、同じように、神はアッシジのフランシスコの内にも、生き、その痕跡を残したのではないでしょうか。この「小さな者」をとおしても、主は物乞い、山賊、さらにオオカミ、いわばこの世のすべての「底辺にいる人々」の隣人になったのです。

「いのちのメッセージ」を誤解しないために、ラヴァージ枢機卿が提示する最後の省察に耳を傾けてみましょう。

　不可知論者エンニオ・フライアーノは常にわたしの興味をそそった。自伝的要素が見え隠れする話で、彼はイエスを障害を持つ少女の父親に会わせる。父親はこう警告する。「治してくれとは頼まない。彼女を愛してくれ」。それに対するイエスのこたえで、フライアーノは奇跡に関する深い神学を示す。「まことにあなたがたに言う。この男はわたしに、わたしがほんとうにできることを頼んだのだ[185]」。

　この最後のことばを借りて、次のように言い換えることを許してください。「縫い目のない服」を着たイエスと、兄弟愛の僧衣《トナカ》を身に覆ったフランシスコは、いのちをいつくしみ、ほんとうに自分にできること、ほんとうにしたいこと、ただそれだけを、望み、実行したのです。それは、隣人を愛すること。人々が迎え入れられ、理解され、護られ、ひと言でいえば愛されていると感じることができるように。

XI あなたにとって、聖衣《トゥニカ》とは、僧衣《トナカ》とは？

本書の最初の草稿を書き終えた後、わたしのフェイスブックをご覧になっている方々のメッセージを読み返してみました。このような本を書こうとしていると伝えただけで、熱心な賛同のことばを受け、多くの方がもっとこのテーマについて知り、深め、参加したいと言ってこられました。

数百、数千の感想と感動、そして詩的なことばを受け取りました。「聖衣《トゥニカ》は天、僧衣《トナカ》は地」とか、「聖衣《トゥニカ》は生命と希望、僧衣《トナカ》は太陽と麦」など。全部を紹介するのは不可能なほどです。SNSやメールでのコメントもたくさんあり、そのいくつかをまとめた章を新設することにしました。信仰と兄弟的交わりの中で一緒に育んできた仕事の集大成のようなものです。マリア・ロザリーアの次のことばが思い起こされます。「聖衣《トゥニカ》は神が現存したこと、そして復活したことの証。僧衣《トナカ》は人間一人ひとりが神のようである可能性について教えてくれるもの」。

二十四という象徴的な数を選びました。聖衣《トゥニカ》に関する十二筆はイエスの服に触れようと試みる、イエスの傍らにいるわたしたち十二人の弟子の象徴。僧衣《トナカ》に関する十二筆は「最初のころのフランシスコの仲間」と同じ数(186)。

本書の完成に同伴してくださった方々に語っていただきましょう。わたしたちの間にいる、多くの人々の生を満たす二人、イエスとフランシスコについてのそれぞれの個人的な思いです。

あなたにとって、聖衣《トゥニカ》とイエスとは？

「この方のマントに触れさえすれば治してもらえる」（マタイ9・21）。本書第Ⅲ章で引用された「キリストの服に触って癒やされた女性」に関する福音箇所とともに、皆さんの想いによって豊かにされた道のりをたどります。

聖衣《トゥニカ》は、完全で揺るぎなく、裂傷も歪みもないイエスの象徴です。罪も矛盾もなく、まったく純粋で悪を知らぬ完全な人。聖フランシスコが着ていた継ぎはぎだらけの服は、人間とその矛盾、誘惑、快楽を象徴します。

フランシスコは人生のある時期、キリストとそのことばに自らをささげる決意をし、人間的な誘惑が少しでも頭を持ち上げると、弱さを修復し、繕うことで、完全で「揺るぎない」者になろうとし、そのようになれました。

カルメーラM

イエスの聖衣《トゥニカ》については、マリアが織ったと言い伝えられています。特別な子のための特別な服。それを彼に着せたのは、彼が福音を告げ知らせるために各地を巡り奇跡をおこなうようになり、その姿をあまり見られなくなると分かったときにではないかと、わたしは想像したいのです。わたしたち母親が、子どもが遠くに行かなければならなくなり、わたしたちの愛について物語る何かを持たせたいと思うのと同じです。

でもフランシスコの僧衣《トナカ》は、モンナ・ピーカが準備することはできなかったでしょう。なぜならきっと少しばかりエレガントな服になったでしょうから、「気が狂った」息子がそれを着ることは絶対ありません。確かなのは、聖フランシスコはあの僧衣《トナカ》をずっと着続け、あまりにも消耗したために、姉妹キアラが何度も繕わなければならず、そのために自分のマントから取った切れ端を使ったということです。彼の傍らにいるための、愛情深い世話。

純粋なまなざしとやさしい手で、遠くにいる人を愛撫《あいぶ》する、美しい力です。聖衣《トゥニカ》と僧衣《トナカ》は、ともに女性名詞。着せて、温め、修復し、守ります。

ルイゼッラP

聖衣《トゥニカ》はわたしを「一」という概念につれていきます。信仰宣言で唱える、神のひとり子イエス、一なる、聖なる、普遍の使徒的教会。イエスの身体にぴったり触れている服には、イエスの親密さ、温かさ、体のさまざまな部分の感覚、心臓の鼓動、体液、汗、皮膚の匂いが残されています。

そして僧衣《トナカ》は制服のような一着の服。あるグループ、修道会、霊性、理想への所属を示す外観のしるしで、他の服の上に着ます。一人のものではなく、皆のものです。

マリーアP

イエスの聖衣《トゥニカ》はその受難（パッション）をわたしに思い起こさせます。人類の罪を十字架上で身に背負い、永遠の生への門を開くために、はぎ取られた聖衣《トゥニカ》。

聖フランシスコの修道服は彼の素朴さを思い起こさせます。富を脱ぎ捨て、わが身を削って奉仕と隣人への愛に励み、キリストにいのちをささげたフランシスコを。

シルヴァーナT

聖衣《トゥニカ》とは、わたしたちの魂、精神、内奥、分かつことのできない唯一の霊を表します。

聖衣《トゥニカ》の霊的価値は、真摯な心で精いっぱい神を愛する者たちが着る僧衣《トナカ》によって裏付けられます。その僧衣《トナカ》は、美と善良さと無限の憐れみの香りがします。

マリア・リータ

純粋な愛、ことばなしで同じ意味と本質を物語る服。何を語っているのでしょうか？　謙虚さ、素朴さ、そして、愛の本質性。聖衣《トゥニカ》は「道」を開き、僧衣《トナカ》はその跡についていった。聖衣《トゥニカ》と僧衣《トナカ》。貧しさの内なる富の神秘。

イラリアＣとフローラＣ

聖衣《トゥニカ》と僧衣《トナカ》。後者は前者の光の内にのみ意義があります。イエスの服はわたしたちキリスト者にとっては愛の服です。なぜならイエスの体を包んだものであり、イエスが御父のみ旨《むね》に向かって進むために放棄した、人間的恥じらいを覆う最後のヴェールだったから。

僧衣《トナカ》はキリストであるイエスの内の「新しい生」の目に見えるしるしであり、福音に倣うという約束。経済的価値のためでなく、美徳の服であるゆえにした、選択。

ステファニアＧ

機織り機で息子のための聖衣《トゥニカ》を織っているお母さんを想像したいです……。でも今、息子が大きくなり、成長したことに気づきます。マリアはそれらすべてを心に納め、あふれ出る涙が布の緯糸《よこいと》をぬらします。マリアは縫い目なしの布を、上から下に向かって、天から地へと、神の右腕からマリア自身の胎へと、織っていきます。ことばは肉となり、いのちのことばはパンになり、世界の飢えを満たします。

カテリーナV

聖衣《トゥニカ》はわたしの心をタボール山へ、イエスの変容の場面につれていきます。世界を光で包み、まばゆい輝きで照らします。キリストの体の透明さ。

僧衣《トナカ》はくすんだ、黒っぽい、悲しげな、人間の罪が染み込んだ、苦悶の、聖体布（コルポラーレ）。神の謙虚な小さな修道士、聖フランシスコのように。

マリレーナM

キリストは、御父が彼に求めた定めに従い、人間のために自らのいのちをいけにえとしてささげた後、なんら装飾のない「体」だけで、御父に会いに行きます。フランシスコは、イエスの足跡を追って、貧しい裸の肉体の内に、キリストが十字架に上る前に彼に手渡したバトンを受け継ぎ、同じ道をたどって神に会いに行きます。

「バトン」とは、まさにフランシスコが作った、キリストの極限の犠牲である十字架の形をした布。「聖衣《トゥニカ》のバトン」は、主のために生きることを選んだ者にとって、彼のうちに続く生のエンブレム。そしてそれは十字架を象徴する僧衣《トナカ》になります。

最初に思ったのは、両方の衣の本質性、清らかさとシンプルさ。イエスの聖衣《トゥニカ》の清らかさはどこであろうといつも受諾する魂のすがすがしさをわたしに思わせます。

ダニエーレG

聖フランシスコの僧衣《トナカ》のシンプルさは、彼の存在の謙虚さと誠実さを思わせます。

アレッサンドラC

聖衣《トゥニカ》と僧衣《トナカ》には、すべてにまして共通することがあります。それはささげ物であること。「脱ぐ」とは服を脱ぐことを思わせますが、実は自分自身を脱ぐ（無にする）こと、自らの思い、導く者でありたいという願望すべてを脱ぐこと。わたしたちは、計画し、すべてを自分で仕切りたいと願っていますが、何かが思いどおりにならないと落胆し、意気消沈します。いつもそうです！　フランシスコはそれを理解した、というよりは、心の中で感じたのです。神だけが創造できる、この強い、惹きつけてやまない、無限の愛の呼びかけを聞き、理解したのです。僧衣《トナカ》と聖衣《トゥニカ》。自分自身を、古い人を、脱ぎ捨て、ささげ物となってイエスが約束した「喜びの虹」へ向かうこと。

シモーナM

あなたにとって、僧衣《トナカ》と聖フランシスコとは？

「あるとき、貴族だが貧しい一人の騎士に出会い、温かい情けの心で彼の窮乏に同情し、すぐに着ていた服を脱いで、自分の服を彼に着せた。このおこないで二つの慈悲のわざを成し遂げた。高貴な騎士の恥を隠し、貧しい人の窮乏を和らげたのだ(187)」。まだ世俗にあったころのフランシスコのこのおこないを参考にしましょう。彼のこの慈悲のわざの内に、わたしたちは示唆と激励を見いだします。彼の幸いなる生に寄り添い、自分を重ね合わせ、彼と共に歩みましょう。

マリア――聖フランシスコはすべてを脱ぎ捨てました。わたしたちも、今、すべてを剥奪されています。でもわたしたちは、今ここに、生きておられるわたしたちの神に確信を置いています。フランシスコのように、彼の助けで、素朴さと愛で造られた世界を再建しましょう。

シルヴァーナ――聖フランシスコは木の色の服を着ていました。わたしにとって、素朴な歩みと本質的な生き方は心に喜びをもたらすことへの確信となっています。イエスの白いマントはわたしにとって暗い道のりを温める光です。

マリアとシルヴァーナ（母と娘）

聖衣《トゥニカ》と僧衣《トナカ》は糸を織ってできた質素な布の服。自らを主張することはないけれど、生き生きとしたストーリーとあふれる感情の贈りもの。わたしたちは皆一着の上衣《トゥニカ》を着ています。それは外観の補強でもあり、自分を確認してもらう「旗」でもあります。聖フランシスコは持っている物を、豪華な衣服や居心地よさを、すべて脱ぎ捨てました。本質へと向かうために。以前なら捨ててしまったような物でも大切にする！　今は、無駄なものは何もないです。

アンナ・ラウラ B

あの僧衣《トナカ》はわたしに何を語るのか？　わたしに問いかけ、詮索し、日々の困難や心配、自分のうちに潜んでいる不安や恐れを読みとります。でも、あの僧衣《トナカ》はわたしが必要としている平穏ももたらしてくれます。なぜなら、あのボロボロの服は、それを身につける者にゆるされた、神の憐れみに浸されているからです。

ローザ・マリア A

小さいころ、祖父はいつもこう言っていました。「今日は重労働だから、〝トネガ〟を着ていくぞ」。「今日は大仕事だから、丈夫な俺の〝制服〟を着て出かける。汚れて、継ぎはぎだらけだけど」と。わたしにとってこれが僧衣《トナカ》の意味です。わたしたちの日常の生は、人に認められようとする虚栄心と傲慢さに満ちた「飾り」で覆われていますが、そうした飾りをすべて取り去り、謙虚な奉仕の、「他者のものであるわたし」という、品位あるシンプルな服です。「聖衣《トゥニカ》」については、初聖体の子どもたちの祝いの服にたとえます。イエスと出会うための、無邪気さ、躍動感、純粋な喜びのしるし。

ヴィンチェンツァ O

フランシスコの僧衣《トナカ》はイエスが着ていたものと同じだとわたしは思います。少なくとも理想として。両者とも多くの苦しみを体験し、神の計画どおり、人類を救うために死にいたる犠牲を払いました。フランシスコが親しんでいた自然環境を思い起こし、立ち止まって考え、正気を失った生き方をやめることが絶対必要です。

リッカルド A

僧衣《トナカ》は修道士や修道女たちの服であるだけでなく、フォルムをつくるための土です……。わたしたちを土から創造し、自らの手で造形する、陶芸師である神。わたしたちが、自らの生において、御手にゆだねることができたら!

アンナ・リータ P

聖衣《トゥニカ》。イエスは十字架の道行の間ずっとそれを着ています。犠牲、苦しみ、痛み、そして十字架上の死にまで価値を与えた、王たる者のしるしです。サン・ダミアーノの磔刑像、生きたイエス、復活したイエスを見るのが好きです。

僧衣《トナカ》。フランシスコは犠牲、苦しみ、痛み、病、そして死にも価値を与えることによって王らしく生きます。これらすべては彼を押し潰すことなく、彼はこう言います。「いかなる苦悩もわたしには喜びだ」。「被造物たちの賛歌（つくられしものたちの歌）」ではこう書きとらせています。「わたしたちの姉妹である死ゆえに、わが主よ、あなたが賛美されますように」。

エンツァC

聖衣《トゥニカ》は罪びととしての人間のしるしであり、イエスはそれを着ることによって罪を負い、自らの死と復活によってそれを清めます。

聖フランシスコの僧衣《トナカ》は、キリストへの回心者を意味し、それを着ることによって、愛すること、憐れみとカリタスをおこなうようになります。着る者にとっては、平和と人間性に満ちた世界を創造する希望です。

ドメニコC

フランシスコの僧衣《トナカ》は、キリストへの愛の杯。イエスは聖衣《トゥニカ》を脱がされ、フランシスコはそれを拾い上げ、その上に横になり、キリストの傷と光とあがないに自らが刻まれるままにしました。その深い謙虚さの中、人間たちの間に神の存在が「放たれる」ように。仲間を集め、フランシスコはこの愛の服に、放棄と謙虚という名前をつけました。それからは兄弟修道士たちそれぞれがキリストに倣うという願いを込めて、僧衣《トナカ》を着るようになりました。

エリサベッタC

聖衣《トゥニカ》が縫い目のないものだったことは、初めであり、終わりである神の偉大さの象徴なのかもしれません。上から下へと織られたのは、神と人間、天と地との一致を意味しているかもしれません。わたしたちは神に結ばれて、偉大なる「一」になったのです。

多くの切れ端をつないでできた聖フランシスコの僧衣《トナカ》は、聖フランシスコが生きていた間にしたおこないを表します。サン・ダミアーノの磔刑像がわたしたちの愛する聖者に語りかけたとき、教会の欠片《かけら》をつなぎ合わせて一つにするよう求めました。それこそフランシスコがしたことです。もっとも貧しい人々に自らをささげ、神の愛のうちにつなぐことによって、人間たちを一致させました。

ソフィーアG

わたしにとって聖衣《トゥニカ》は、人間たちへの神の愛のことです。魂の救いのため、わたしたちに善の道を示すため、わたしたちのすべての罪のためにいのちをささげるほどの大きな愛。このような愛だけが宇宙を平和と甘美さで満たすことができます。わたしたちに力を与え、わたしたちを取り巻く悪に打ち勝つための、日々の愛撫《あいぶ》です。
僧衣《トナカ》は姉妹なる貧しさのことです。神の愛で満たされ、想像もできないことをさせる、貧しい魂です。シンプルさと貧しさに生きることを願った聖フランシスコは、神に仕え、他者に仕えるために生きました。心の貧しい者たちは魂を神に開き、神がかれらの内に素晴らしいことをおこなえるようになります。

エヴァ D

聖衣《トゥニカ》と僧衣《トナカ》は同じ一つの「甘美な愛のメロディー」をうたいます。すべてを赦す神の愛の象徴です。知らずに男女が探し求める、真の愛。イエスの使命、そしてフランシスコのそれは、わたしたちの生が愛の芳しさを放ち、音楽の流れ出る調和のとれた詩になるように、わたしたちの生を支えてうたい続けることです。「メロディー」とは英語で〝チューン〟と言い、「聖衣《トゥニカ》」を思わせます。「僧衣《トナカ》」は、ニュアンスを意味するもう一つの英語の単語〝トーン〟を思わせます。わたしたちの生が常に主を賛美するメロディーでありますように。

ブリジッタ P

以上二十四の寄稿は本質的に「二つのこと」を言っています。

第一に、わたしたちの生において一つの選択をしなければならないこと。神か金《かね》か（マタイ6・24）。なぜこのようなラジカルな「二者択一」を？　なぜならイエスは選択するよう求めているのです。金銭に、「神に反するもの」を見ています。聖衣《トゥニカ》と僧衣《トナカ》はこの「択一」を示します。なぜなら「金」は所有を、強欲を、未曽有の欲深さをもたらすからです。イエスは共に苦しむ心を、真実、誠実、確かな人間の実存を提案します。金は不安の源、神は信頼の泉です。ドレーマンは言います。金は……。

表面上は、わたしたちの深い実存的不安、人間だけが持っている不安を和らげる力を持っている。しかしこの「不安」は、常に、過度の、幻想でしかない偽の解決策をわたしたちに求めさせる。(188)

第二には、神を信頼して、わたしたちの内なる貧しさを受け入れ、自らの心を、「愛することができる心」にすること。そしてこれこそが聖衣《トゥニカ》と僧衣《トナカ》がわたしたちに言いたいことなのです。生ある者、その一人ひとりは、皆さんからのメッセージが証明するように、天に向かって羽ばたく並外れた可能性を秘めています。一人ひとりの傍らにいて、伴《とも》をし、守り、〝修理〟し、導いてくれる神を、父として感じる……。この「感覚」は、荷を積みすぎたわたしたちの船から底荷を捨てさせ、幸せになって港に、さもなければ向こう岸に、着くことを可能にします。

これこそがアッシジの聖フランシスコが、そのシンプルで稀有《けう》な感性のもとで生きた道なのです。他者はもはや加担者でも敵でも競争相手でもなく、兄弟そして姉妹なのです。それこそが、新しいコムニオ、柵で分断されずにいられる新しい兄弟関係で、生をより豊かに、より実り多く、より楽しくするのです。そして「家、子ども、母、農地を百倍も持つことになる」のです（マルコ10・29〜30）。これこそがおそらくもっとも美しい報酬かもしれません。

注

I　二つの聖遺物を探し求めて

1　トンマーゾ・ダ・チェラーノ『第二伝記』（*Vita seconda*, LXI, FF 681）。

II　二つの衣の歴史と語源　トゥニカ（tunica）とトナカ（tonaca）

2　ジャンフランコ・ラヴァージ『朝課』（*Mattutino*, Casale Monferrato, Piemme, 1993）。

3　デヴォート・オーリ『イタリア語辞書』（*Dizionario della lingua italiana*）。

4　マルクス・テレンティウス・ウァッロ『ラテン語論』（*De lingua latina*, V, 23）。

5　フィリッポ・ブオナローティ『祭儀服や一般服から見る教会の階層』（*La gerarchia ecclesiastica considerata nelle vesti sagre e civili*, Roma, 1720）。

6　トレッカーニ『医学辞典』（*Dizionario di medicina*）。

7　ガエターノ・モローニ『現在にいたるまでのサン・ピエトロの歴史的――教会論的大事典』（*Dizionario di erudizione storico-ecclesiastica da san Pietro sino ai nostri giorni*, vol. 77, Roma, 1856）。

8　ゴッフレード・パトリアルカ、ガブリエッラ・アルチ・スカラヴァッリオ『イタリア百科事典』、「トゥニカ」についての部分。（*Enciclopedia italiana*, Treccani,1937, alla voce «Tunica»）。

9 フィリッポ・ブオナローティ『祭儀服や一般服から見る教会の階層』。
10 ガエターノ・モローニ『現在にいたるまでのサン・ピエトロの歴史的――教会論的大事典』。
11 ゴッフレード・パトリアルカ、ガブリエッラ・アルチ・スカラヴァッリオ『イタリア百科事典』、「トゥニカ」についての部分。
12 同右。
13 デヴォート・オーリ『イタリア語辞書』。
14 ジョヴァンニ・マランゴーニ『異教徒の事物が使用されるようになり、教会を飾った』（*Delle cose gentilesche, e profane: trasportate ad uso, e adornamento delle chiese*, Roma, 1744）。
15 ウンベルト・エーコ「腰の思想、またはジーンズで生きること」（*Il pensiero lombare o del vivere in jeans*, «Corriere della Sera», 12.08.1976）。
16 ダンテ・アリギエーリ『神曲』天国編（*Divina Commedia, Paradiso*, XI）。
17 エンツォ・フォルトゥナート『反逆児フランシスコ』（*Francesco il ribelle*, Milano, Mondadori, 2018）。
18 アッシジのフランシスコ『勅書のない会則』（*Regola non bollata*, FF 8）。
19 アッシジのフランシスコ『まことの完璧な喜び』（*Della vera e perfetta letizia*, FF 278）。
20 同じことばは、数行前に（複数形で）あります。『勅書のない会則』（*Regola non bollata*, FF 7）、「修道院長は彼に一年間〝試しの服〟を与えよ。すなわち頭巾なしのトナカを二着、腰ひも、ズボン（パンツ）、それから、腰ひもまでのフード」。
21 トンマーゾ・ダ・チェラーノ『第一伝記』（*Vita prima*, XV, FF 388）。
22 ジャン・ジョノ、ユージェン・ドレーマンによって引用された『マルコ福音書』（*Il Vangelo di Marco*, Brescia, Queriniana, 1994, p.303）。

Ⅲ　イエスの「聖衣《トゥニカ》」を探して

23　アン・レキュ『あなたはわたしの恥を覆った』(*Hai coperto la mia vergogna*, Cinisello Balsamo, San Paolo, 2019)。

24　同右(p.52)。

25　ユージェン・ドレーマン『開かれた天。待降節と降誕祭の説教』(*Il cielo aperto. Prediche per l'Avvento e il Natale*, Brescia, Queriniana, 1997)。

26　教皇フランシスコ『イエス・キリスト、父のいつくしみの御顔』、いつくしみの特別聖年公布の大勅書(*Misericordiae vultus*, San Pietro, Roma, 11.04.2015, www.vatican.va)。

27　アッシジのフランシスコ『ある上長への手紙』(*Lettera a un ministro*, FF 235)。

28　「トナカ(Tonaca)とイエス・キリストの縫い目のないトゥニカ(Tunica)」の項目にあります。

29　教皇ヨハネ・パウロ二世、一般謁見、一九八八年二月十七日(www.vatican.va)。

30　ガエターノ・モローニ『現在にいたるまでのサン・ピエトロの歴史的——教会論的大事典』(*Dizionario di erudizione storico-ecclesiastica da san Pietro sino ai nostri giorni*, vol. 77, Roma, 1856)。

31　アン・レキュ『あなたはわたしの恥を覆った』(p.111)。

32　マルクス・トゥッリウス・キケロ『プロ・ラビリオ』(*Pro Rabirio*, 63 a.C.)。

Ⅳ　フランシスコの僧衣《トナカ》を探して

33　トンマーゾ・ダ・チェラーノ『第一伝記』(*Vita prima*, VI, FF 344)。

34　教皇フランシスコ、脱衣の間。アッシジの司教館、二〇一三年十月四日(www.vatican.va)。

35 聖ボナヴェントゥーラ『大伝記』(*Legenda maior*, V, FF 1088)。
36 アッシジのフランシスコ『勅書のない会則』(*Regola non bollata*, II, FF 7)。
37 同右(II, FF 8)。
38 アッシジのフランシスコ『勅書によって裁可された会則』(*Regola bollata*, II, FF 81)。
39 アッシジのフランシスコ『遺言』(*Testamento*, 1226, FF 127)。
40 教皇フランシスコ「報道関係者との集い」パウロ六世ホール、二〇一三年三月十六日(www.vatican.va)。
41 アッシジのフランシスコ『まことの完璧な喜び』(*Della vera e perfetta letizia*, FF 278)。
42 トンマーゾ・ダ・チェラーノ『第一伝記』(*Vita prima*, XV, FF 388)。
43 聖ボナヴェントゥーラ『大伝記』(*Legenda maior*, VII,FF 1117)。
44 トンマーゾ・ダ・チェラーノ『第一伝記』(*Vita prima*, XXII, FF 433)。
45 同右(XIX, FF 412)。
46 聖ボナヴェントゥーラ『大伝記』(*Legenda maior*, XII, FF 1206)。
47 トンマーゾ・ダ・チェラーノ『第一伝記』(*Vita prima*, XXVIII, FF 453)。
48 トンマーゾ・ダ・チェラーノ『第二伝記』(*Vita seconda*, LVII, FF 677)。
49 同右(CXXVII, FF 767)。
50 トンマーゾ・ダ・チェラーノ『第一伝記』(*Vita prima*, XXVIII, FF 453)。
51 聖ボナヴェントゥーラ『大伝記』(*Legenda maior*, V, FF 1091)。
52 このエピソードは前掲の「報道関係者との集い」で、教皇フランシスコ自身が語ったもの。
53 同右。
54 このつながりについては、少なくとも四つの要素が認められます。(1)イエスがガリラヤの道々を回ったように、フランシスコは世の道々を巡った。(2)死ぬ前、主の最後の晩餐のしぐさを再現した。(3)彼の体には聖痕があった。(4)キリストが復活してすぐに、「あなた方に平和があるように！」と言って弟子たちを派遣したように、同じ挨拶を自分の挨拶としていた。これらの感動的要素は昔から指摘されていて、それについてはバルトロメオ・ダ・ピサ（Bartolomeo da Pisa）著、「聖フランシスコの生と主イエスの生の一致点」（*De conformitate vitae Beati Francisci ad vitam Domini Iesu*）を参照のこと。

V　イエスの聖衣《トゥニカ》がある場所

55　教皇ベネディクト十六世「トリーアの司教へのメッセージ」、二〇一二年四月六日（www.vatican.va）。

56　アントニオ・ジェンティーリ編『あるロシアの巡礼者の手記』（*Racconti di un pellegrino russo*, Milano, Paoline, 2019）。

57　ジャンフランコ・ラヴァージ『朝課』（*Mattutino*, Casale Monferrato, Piemme, 1993）。

58　ダニエル・ラファール・ド・ブリエヌ『聖骸布事典』（*Dizionario della Sindone*, Cantalupa, Effatà, 1998）。「オビエドの聖顔布」に関する歴史的調査についてもこの事典を参照のこと。

59　同右、「聖骸布史」参照。

60　ガエターノ・モローニ『現在にいたるまでのサン・ピエトロの歴史的——教会論的大事典』（*Dizionario di erudizione storico-ecclesiastica da san Pietro sino ai nostri giorni*, vol.77, Roma, 1856）。

61　ドメニコ・カンタガッリ『イエス・キリストの縫い目のない服についての書簡』（*Lettera sopra la veste inconsutile di Gesù Cristo*, ザッカリーア編『教会史の論考集』*Raccolta di dissertazioni di storia ecclesiastica*, vol.1, 1840）。

62　ダニエル・ラファール・ド・ブリエヌ『聖骸布事典』、「トリーア（の聖衣《トゥニカ》）Treviri（La tunica di）」に関する部分。

63 ニコレッタ・デ・マッテイス『キリストの服［1］——トリーアの聖衣《トゥニカ》』（*Gli abiti di Cristo [1] - La sacra tunica di Treviri*, reliquiosamente.com）。

64 オルガ・ゴガラ・ディ・レエスタル『イタリア百科事典』（*Enciclopedia Italiana*, Treccani, 1935）。「Orendel」に関する部分。

65 ニコレッタ・デ・マッテイス『キリストの服［1］——トリーアの聖衣《トゥニカ》』。

66 ダニエル・ラファール・ド・ブリエヌ『聖骸布事典』、「トリーア（の聖衣《トゥニカ》）」に関する部分。

67 教皇ベネディクト十六世「トリーアの司教へのメッセージ」。

68 ダニエル・ラファール・ド・ブリエヌ『聖骸布事典』、「トリーア（の聖衣《トゥニカ》）」に関する部分。

69 ドメニコ・カンタガッリ『イエス・キリストの縫い目のない服についての書簡』。

70 ニコレッタ・デ・マッテイス『キリストの服［2］——アルジャントゥイユの聖衣《トゥニカ》』（*Gli abiti di Cristo [2] - La sacra tunica di Argenteuil*, reliquiosamente.com）。

71 ダニエル・ラファール・ド・ブリエヌ『聖骸布事典』、「アルジャントゥイユ（の聖衣《トゥニカ》）」に関する部分。

72 ジャン-シャルル・レロワ『イエスの聖衣《トゥニカ》』（*La tunica di Gesù*, Siena, Cantagalli, 2011）。

73 ダニエル・ラファール・ド・ブリエヌ『聖骸布事典』、「アルジャントゥイユ（の聖衣《トゥニカ》）」に関する部分。

74 ニコレッタ・デ・マッテイス『キリストの服［2］——アルジャントゥイユの聖衣《トゥニカ》』。

75 ドメニコ・カンタガッリ『イエス・キリストの縫い目のない服についての書簡』。

76 ニコレッタ・デ・マッテイス『キリストの服［1］——トリーアの聖衣《トゥニカ》』。

VI　フランシスコの僧衣《トナカ》はどこに？

77　トンマーゾ・ダ・チェラーノ『第二伝記』（*Vita seconda*, CXXVII, FF 767）。

78　「アッシジ記述」（*Compilazione di Assisi*, FF 1604）。

79　グラツィエッラ・パレイ「パードレの遺産」（*L'eredità del Padre*, Padova, Messaggero, 2007）。

80　「物理学が聖フランシスコの秘密を発見する」（*La fisica scopre i segreti di san Francesco*, 05.09.2007, www.infn.it）。

81　ラウラ・モンタナーリ「聖フランシスコ、フィレンツェの修道服は偽物」（*San Francesco, falso il saio di Firenze*, «la Repubblica»紙, 06.09.2007）。

82　聖ボナヴェントゥーラ『大伝記』（*Legenda maior*, XIII-3, FF 1226）。

83　ニコレッタ・バルディーニ、スザンナ・コンティ共著『アッシジのフランシスコの聖痕の修道服』（*Il saio delle stimmate di san Francesco d'Assisi*, Firenze, Centro Di, 2010）。

84　アッシジのフランシスコ『フィオレッティ〝聖痕についての考察〟』（*Fioretti, Considerazioni sulle stimmate*, IV, FF 1926）。

85　聖ボナヴェントゥーラ『大伝記』（*Legenda maior*, II-4, FF 1043）。

86　同右（XIV-6, FF 1243）。

87　同右（II-4, FF 1043）。

88　メフティルド・フリュリーレンベルグ「フランシスコの僧衣《トナカ》の上にキアラの切れ端」（*Sulla tonaca di Francesco le pezze di Chiara*, «San Francesco Patrono d'Italia»「イタリアの守護聖人、聖フランシスコ誌」、一九八九年二月号）。

VII 聖衣《トゥニカ》の象徴性

89 教皇ベネディクト十六世「トリーアの司教へのメッセージ」、二〇一二年四月六日（www.vatican.va）。

90 教皇ベネディクト十六世『ナザレのイエス』（*Gesù di Nazaret*, Città del Vaticano, Libreria Editrice Vaticana, 2011）。

91 アン・レキュ『あなたはわたしの恥を覆った』（*Hai coperto la mia vergogna*, Cinisello Balsamo, San Paolo, 2019, p.109）。

92 教皇ベネディクト十六世「トリーアの司教へのメッセージ」。

93 教皇ベネディクト十六世『ナザレのイエス』。

94 アン・レキュ『あなたはわたしの恥を覆った』（p.109）。

95 ユージェン・ドレーマン『生の豊かさ』（*La ricchezza della vita*, Brescia, Queriniana, 1998, p.183）。

96 ジャンフランコ・ラヴァージ『朝課』（*Mattutino*, Casale Monferrato, Piemme, 1993）。

97 ホルヘ・ルイス・ボルヘス『天国』（*Paradiso*, XXXI, 108）。

98 聖アウグスティヌス「談話——ジュゼッペ・ゼンティ師が引用した箇所、キリストの聖衣《トゥニカ》、教会の一致のイコン」（*Discorsi*, passaggio citato da monsignor Giuseppe Zenti, *La tunica di Cristo icona dell'unità della Chiesa*, 17.03.2017, www.veronafedele.it）。

99 聖キプリアヌス「カトリック教会の一致、7——二〇〇八年の聖金曜日にローマのサン・ピエトロ大聖堂でおこなった説教で、ラニエーロ・カンタラメッサ（Ofm Cap）が引用した箇所」（*De catholicae Ecclesiae unitate*, 7; citato da Raniero Cantalamessa, Ofm Cap, Omelia del Venerdì Santo, 21.03.2008, basilica di San Pietro, Roma）。

100 教皇ベネディクト十六世「トリーアの司教へのメッセージ」。

101 イレネー・ウシェール『フィラウティーア（自己愛）』（*Philautía*, Magnago, Qiqajon, 1999）。
102 アン・レキュ『あなたはわたしの恥を覆った』（p.111）。
103 教皇ベネディクト十六世「トリーアの司教へのメッセージ」。
104 ユージェン・ドレーマン『マルコ福音書』（*Il Vangelo di Marco*, Brescia, Queriniana, 1994）。
105 ジャンフランコ・ラヴァージ「感情についての聖書神学のために」、シンポジウム「感情は世界を形作るか?」の基調講演、02.05.2014,（www.cultura.va）。
106 教皇ベネディクト十六世、回勅『神は愛』（*Deus caritas est*, 25.12.2005）。
107 ジャンフランコ・ラヴァージ『福音』（*La buona novella*, Milano, Mondadori, 1998）。
108 ガエターノ・モローニ『現在にいたるまでのサン・ピエトロの歴史的――教会論的大事典』（*Dizionario di erudizione storico-ecclesiastica da san Pietro sino ai nostri giorni*, vol.77, Roma, 1856）。
109 ラニエーロ・カンタラメッサ（Ofm Cap）「聖金曜日の説教」。
110 同右。
111 アッシジのフランシスコ『勅書のない会則』（*Regola non bollata*, VIII-1, FF 28）。
112 ユージェン・ドレーマン『マルコ福音書』（p.333）。

VIII 僧衣《トナカ》の象徴性

113 アッシジのフランシスコ『勅書のない会則』（*Regola non bollata*, II, FF 7）。
114 アッシジのフランシスコ『遺言』（*Testamento*, 1226, FF 116）。
115 無名作者『完璧の鑑』（*Specchio di perfezione*, XV, FF 1698）。

116 アッシジのフランシスコ『勧告』(*Ammonizioni*, XIX, FF 169)。
117 トンマーゾ・ダ・チェラーノ『第一伝記』(*Vita prima*, I, FF 320)。
118 教皇ベネディクト十六世、アルバーノ教区司祭との会合(Castel Gandolfo, 31.08.2006, www.vatican.va)。
119 エウジェニオ・スカルファリ『自分との出会い。自分を発見するための、記憶を追う旅』(*Incontro con Io. Un viaggio nella memoria alla scoperta di sé*, Milano, Rizzoli, 1995)。
120 トンマーゾ・ダ・チェラーノ『第二伝記』(*Vita seconda*, I, FF 584)。
121 聖ボナヴェントゥーラ『大伝記』(*Legenda maior*, I, FF 1037)。
122 教皇フランシスコ、サン・フランシスコ広場での説教。(Assisi, 04.10.2013)。
123 トンマーゾ・ダ・チェラーノ『第一伝記』(VI, FF 344)。
124 ステーファノ・ブルファーニ「服は修道士にさせる」(*L'abito fa il monaco*「イタリアの守護聖人、聖フランシスコ誌」、二〇一九年十月号)。
125 トンマーゾ・ダ・チェラーノ『第一伝記』(VII, FF 347)。
126 同右(IX, FF 356)。
127 同右。
128 アッシジのフランシスコ『勅書のない会則』(XVI, FF 43)。
129 ジャコモ・オッディ『フランチェスキーナ』(*La Franceschina*, vol.1, Assisi, Porziuncola, 1929, p.183)。
130 ステーファノ・ブルファーニ「服は修道士にさせる」。
131 アッシジのフランシスコ『遺言』(*Testamento*, 1226, FF 117)。
132 ステーファノ・ブルファーニ「服は修道士にさせる」。
133 トンマーゾ・ダ・チェラーノ『第一伝記』(IX, FF 356-357)。

134　ブルファーニの言う命令は、ホノリウス三世の一二二〇年の書簡『勧告に基づいて *Cum secundum consilium*』でくだされました。

135　ステーファノ・ブルファーニ「服は修道士にさせる」。

136　アッシジのフランシスコ『勅書のない会則』（VII, FF 26）。

137　「聖ヴェレコンドの受難」（*Passione di san Verecondo*, FF 2251）。

138　フェリーチェ・アックロッカ「人間に気をつけろ（オオカミにではなく）*Attenti all'uomo (e non al lupo)*」（www.sanfrancescopatronoditalia.it）。

139　「聖ヴェレコンドの受難」（FF 2251）。

140　ドメニコ・デ・マージ「聖フランシスコのトゥニカ」（*La tunica di san Francesco*, www.sanfrancescopatronoditalia.it）。

141　アルダ・メリーニ「フランシスコ、つくられしものの歌」（*Francesco. Canto di una creatura*, Milano, Frassinelli, 2007, p.33）。

142　「アッシジ記述」（*Compilazione di Assisi*, FF 1560）。

143　アッシジのフランシスコ「兄弟太陽の賛歌」（*Cantico di frate Sole*, FF 263, 20）。

144　教皇フランシスコ、回勅『ラウダート・シ』（*Laudato si'*, 24.05.2015, www.vatican.va）。

145　聖ボナヴェントゥーラ『大伝記』（*Legenda maior*, VIII, FF 1145）。

146　教皇フランシスコ、回勅『ラウダート・シ』。

147　ブルース・マーシャル『すべての人に一ソルド（銀貨）を』（*A ogni uomo un soldo*, Milano, Jaca Book, 1995, p.17）。

IX　イエス、フランシスコ、そして、共にいた女性たち

148 ガエターノ・モローニ『現在にいたるまでのサン・ピエトロの歴史的——教会論的大事典』（*Dizionario di erudizione storico-ecclesiastica da san Pietro sino ai nostri giorni*, vol.77, 1856）。

149 ジャンフランコ・ラヴァージ「イエスを受胎したマリア」（*Maria incinta di Gesù*, «L'Osservatore Romano»紙, 25.12.2008）。

150 同右。

151 『ヤコブによる外典福音書』（*Protovangelo* di Giacomo, X）。

152 ガエターノ・モローニ『現在にいたるまでのサン・ピエトロの歴史的——教会論的大事典』。

153 同右。

154 教皇ベネディクト十六世『ナザレのイエス』（*Gesù di Nazaret*, Città del Vaticano, Libreria Editrice Vaticana, 2011）。

155 教皇ベネディクト十六世へのインタビュー、番組「A sua immagine」（Rai Uno, 22.04.2011, www.vatican.va）。

156 同右。

157 アッシジのフランシスコ『フィオレッティ』（*Fioretti*, XV, FF 1844）。

158 アッシジのフランシスコ『勅書のない会則』（XII, FF 38）。

159 フェリーチェ・アックロッカ「フランシスコと女性たち、というよりは、フランシスコと女性」（*Francesco e le donne. O, meglio, Francesco e la donna*, www.sanfrancescopatronoditalia.it）。

160 アッシジのフランシスコ『フィオレッティ』（XV, FF 1844）。

161 聖ボナヴェントゥーラ『大伝記』（*Legenda maior*, IV-6, FF 1074）。

162 キアラ・フルゴーニ『キアラとフランシスコの伝記』（*Storia di Chiara e Francesco*, Torino, Einaudi, 2011, pp.75-76）。

163 フェリーチェ・アックロッカ「フランシスコと女性たち」。

164 ダーチャ・マライーニ「聖フランシスコ、ネズミたち、つくられしものたちの賛歌の誕生」(*San Francesco, i topi e la nascita del*, Cantico, www.sanfrancescopatronoditalia.it)。

165 フェリーチェ・アックロッカ「フランシスコと女性たち」。

166 アッシジのキアラ『聖キアラの会則』(*Regola di santa Chiara*, VI, FF 2788)。

167 メフティルド・フリュリーレンベルグ「フランシスコの僧衣《トナカ》の上にキアラの切れ端」(*Sulla tonaca di Francesco le pezze di Chiara*, «San Francesco Patrono d'Italia»「イタリアの守護聖人、聖フランシスコ誌」、一九八九年二月号)。

168 同右。

169 同右。

170 同右。

171 アッシジのフランシスコ『勅書のない会則』(II-14, FF 8)。

172 聖ボナヴェントゥーラ『大伝記』(IV-6, FF 1074)。

X 着ている服を、生きる

173 トンマーゾ・ダ・チェラーノ『第二伝記』(XCIII, FF 714)。

174 オラーツィオ・フランシスコ・ピアッツァ「着ている服を生きる」(*Abitare l'abito che si indossa*,「イタリアの守護聖人、聖フランシスコ誌」、二〇一九年十月号)。

175 アッシジのフランシスコ『勅書のない会則』(XXIII-9, FF 70)。

176 フランカ・ジャンソルダーティ「教会と持続可能な発展。〝はじめにフランシスコの修道服があった〟」(*La Chiesa e lo*

sviluppo sostenibile: in principio fu il saio di Francesco, «Il Messaggero»紙, 30.10.2019)。

177 ビアンカ・ガルーフィ「体とプシケの関係としてのファッション」、「分析心理学誌」二十三号（*La moda come relazione corpo-psiche*, «Rivista di Psicologia Analitica» 23, 1981, pp.53-69)。

178 ジョーン・カール・フリューゲル『服装の心理学』（*Psicologia dell'abbigliamento*, Milano, Franco Angeli, 2002, p.46)。

179 オラーツィオ・フランシスコ・ピアッツァ「着ている服を生きる」。

180 サンタ・クローチェ教会の公式サイトから。「フランシスコの生涯」。バルディ礼拝堂。(www.santacrocefirenze.it)。

181 オラーツィオ・フランシスコ・ピアッツァ「着ている服を生きる」。

182 教皇フランシスコ「《疫病の蔓延（エピデミア）》に際しての、特別な祈りのとき」（サン・ピエトロ大聖堂の入口広場、27.03.2020, www.vatican.va)。

183 教皇フランシスコ、脱衣の間。アッシジ司教館、二〇一三年十月四日。

184 ジャンフランコ・ラヴァージ「レクツィオ——無辜《むこ》な者の苦しみ」、二〇一七年五月二十二日（www.gemelliart.it)。

185 ジャンフランコ・ラヴァージ「ほんものの無神論者」、文化評議会。フライアーノの自叙伝的な質問は悲しい質問である。「わたしたちはいいのにかれらは駄目なのか？」について考えさせる（マルコ2・18〜22参照)。

XI あなたにとって、聖衣《トゥニカ》とは、僧衣《トナカ》とは？

186 ベルナルド・ダ・クインタヴァッレ、ピエトロ・カッターニ、エジディオ・ダッシージ、サッバティーノ、モリコ・ダッシージ、ジョヴァンニ・デッラ・カッペッラ、フィリッポ・ロンゴ、アンジェロ・タンクレーディ、ジョヴァンニ・ダ・サン・コスタンツォ、バルバロ、ベルナルド・ダ・ヴィジランテ、シルヴェストロ。
「〝二時間目の〟仲間」は、レオーネ、ルフィーノ、マッセーオ、ジネプロ、イッルミナート・ダルチェ、エリーア、パチフィコ、ジョヴァンニ・イル・センプリチェ。

そのほかに記憶しなければならないのは、もちろん、アッシジの聖キアラ、ヤコパ・デイ・セッテソーリ。

187 聖ボナヴェントゥーラ『大伝記』(*Legenda maior*, I-2, FF 1030)。

188 ユージェン・ドレーマン『マルコ福音書』(*Il Vangelo di Marco*, Brescia, Queriniana, 1994, p.296)。

文献目録

「フランシスカン原典資料」（*Fonti francescane*, FF）にある、フランシスコが書き残した文書や聖人伝については、「エルネスト・カローリ（Ernesto Caroli）監修の『フランシスカン原典資料・改訂版』（*Fonti francescane. Nuova edizione*）Padova, Editrici francescane出版、二〇一一年」から引用した。伝記や文書の日付に関しては、「カルロ・パオラッツィ（Carlo Paolazzi）監修『アッシジのフランシスコ、文書』Grottaferrata, Quaracchi出版、二〇〇九年」を参考にした。

ニコレッタ・バルディーニ、スザンナ・コンティ共著『アッシジの聖フランシスコの聖痕の修道服』（Baldini, Nicoletta e Conti, Susanna, *Il saio delle stimmate di san Francesco d'Assisi. Storia e conservazione*, Firenze, Centro Di, 2010）。

教皇ベネディクト十六世『ナザレのイエス』（Benedetto XVI, *Gesù di Nazaret*, Città del Vaticano, Libreria Editrice Vaticana, 2011）。

カルロ・ボ『聖フランシスコが帰ってきたら』（Bo, Carlo, *Se tornasse san Francesco*, Roma, Castelvecchi, 2013）。

フィリッポ・ブオナローティ『祭儀服や一般服から見る教会の階層』（Buonarroti, Filippo, *La gerarchia ecclesiastica considerata nelle vesti sagre e civili*, Roma, 1720）。

マッシモ・カッチャーリ『二重の肖像。ダンテとジョットにおける聖フランシスコ』（Cacciari, Massimo, *Doppio ritratto. San Francesco in Dante e Giotto*, Milano, Adelphi, 2012）。

ドメニコ・カンタガッリ『イエス・キリストの縫い目のない服についての書簡』、ザッカリーア編『教会史の論考集』一巻

（Cantagalli, Domenico, *Lettera sopra la veste inconsutile di Gesù Cristo*, in Francesco Zaccaria [a cura di], *Raccolta di dissertazioni di storia ecclesiastica*, vol.1, Roma, 1840）。

フランコ・カルディーニ『アッシジのフランシスコ』（Cardini, Franco, *Francesco d'Assisi*, Milano, Mondadori, 2017）。

ピエロ・ダモッソとエンツォ・フォルトゥナート『フランシスコとサルタン、あの信じがたい出会いから八百年』（Damosso, Piero e Fortunato, Enzo, *Francesco e il sultano. 800 anni da un incredibile incontro*, Cinisello Balsamo, San Paolo, 2018）。

ユージェン・ドレーマン『生の豊かさ』（Drewermann, Eugen, *La ricchezza della vita*, Brescia, Queriniana, 1998）。

――『開かれた天。待降節と降誕祭の説教』（*Il cielo aperto. Prediche per l'Avvento e il Natale*, Brescia, Queriniana, 1997）。

――『マルコ福音書』（*Il Vangelo di Marco*, Brescia, Queriniana, 1994）。


ジョーン・カール・フリューゲル『服装の心理学』（Flügel, John Carl, *Psicologia dell'abbigliamento*, Milano, Franco Angeli, 2002）。

エンツォ・フォルトゥナート『反逆児フランシスコ』（Fortunato, Enzo, *Francesco il ribelle*, Milano, Mondadori, 2018）。

キアラ・フルゴーニ『キアラとフランシスコの伝記』（Frugoni, Chiara, *Storia di Chiara e Francesco*, Torino, Einaudi, 2011）。

ビアンカ・ガルーフィ「体とプシケの関係としてのファッション」、「分析心理学誌」二十三号（Garufi, Bianca, *La moda come relazione corpo-psiche*, «Rivista di psicologia analitica» 23, 1981）。

イレネー・ウシェール『フィラウティーア（自己愛）』（Hausherr, Irénée, *Philautía*, Magnano, Qiqajon, 1999）。

アン・レキュ『あなたはわたしの恥を覆った』（Lécu, Anne, *Hai coperto la mia vergogna*, Cinisello Balsamo, San Paolo,

2019）。

ジャン・シャルル・レロワ『イエスの聖衣《トゥニカ》』（Leroy, Jean-Charles, *La tunica di Gesù*, Siena, Cantagalli, 2011）。

ジョヴァンニ・マランゴーニ『異教徒の事物が使用されるようになり、教会を飾った』（Marangoni, Giovanni, *Delle cose gentilesche, e profane: trasportate ad uso, e adornamento delle chiese*, Roma, 1744）。

ブルース・マーシャル『すべての人に1ソルド（銀貨）を』（Marshall, Bruce, *A ogni uomo un soldo*, Milano, Jaca Book, 1995）。

グラード・ジョヴァンニ・メルロ『フラーテ・フランシスコ』（Merlo, Grado Giovanni, *Frate Francesco*, Bologna, il Mulino, 2013）。

ガエターノ・モローニ『現在にいたるまでのサン・ピエトロの歴史的―教会論的大事典』（Moroni, Gaetano, *Dizionario di erudizione storico-ecclesiastica da san Pietro sino ai nostri giorni*, vol.77, Roma, 1856）。

グラツィエッラ・パレイ「パードレの遺産」（Palei, Graziella, *L'eredità del Padre*, Padova, Messaggero, 2007）。

ダニエル・ラファール・ド・ブリエヌ『聖骸布事典』（Raffard de Brienne, Daniel, *Dizionario della Sindone*, Cantalupa, Effatà, 1998）。

ジャンフランコ・ラヴァージ『信徒の聖務日課』（Ravasi, Gianfranco, *Breviario laico*, Milano, Mondadori, 2006）。

――『福音』（*La buona novella*, Milano, Mondadori, 1998）。

――『朝課』（*Mattutino*, Casale Monferrato, Piemme, 1993）。

エウジェニオ・スカルファリ『自分との出会い、自分を発見するための記憶を追う旅』（Scalfari, Eugenio, *Incontro con Io. Un viaggio nella memoria alla scoperta di sé*, Milano, Rizzoli, 1995）。

謝辞

新しい広場、フェイスブックのページというヴァーチャル広場で出会った「旅仲間」にお礼を言わせてください。聖フランシスコもきっとこのような旅の伴《とも》となってくれたことでしょう。デジタルケーブル網の中で人々と出会い、再会しているうちに友人になり、同じ「渇望」にはまってしまいました。新型コロナ（Covid-19）時代という、わたしたちの人生における困難なときに、「精神の錨《いかり》」を探し求める渇望……。わたしたちは互いにこう挨拶しはじめました。「いい人たち、こんにちは！（Buongiorno, brava gente）」と。

また、修道院長パードレ・マウロ・ガンベッティをはじめ、二十一か国七十人の兄弟修道士たちが住むアッシジの聖フランシスコ大修道院のフランシスコ会共同体のことを思います。このような本を世に出すことに関して、皆わたしを激励してくれましたね。

「イタリアの守護聖人、聖フランシスコ誌」の編集部の皆さん、ミレーナ、ルイザ、アレッシオ、ロベルト、アンドレア、フランシスコのことも忘れることはできません。とりわけフランシスコ・ボナドゥーチェには感謝します。わたしの考えや思いを整理する助けをしてくれた彼なしでは、出版までにはいたらなかったでしょう。

今回の道程をたどる旅の仲間になってくれた研究者の方々には、弟子として親愛をこめた挨拶を送ります。フェリーチェ・アックロッカ、グラード・ジョヴァンニ・メルロ、ピエトロ・マラネージ、フランコ・カルディーニ先生たちです。愛情深い柔和な兄弟ステーファノ・ブルファーニ教授にも。それから、再会した友、才能豊かな現代のアーティスト、ミンモ・パラディーノ。その心と生き方はまさにフランシスカンそのものです。

訳者あとがき

不思議な本を訳すことになりました。著者はフランシスコ会士のエンツォ・フォルトゥナート。

「すべての秘跡が彼の上に執りおこなわれた後、その聖なる魂は、肉体から解放されて、神の深遠な光の中に沈み、主のうちに眠りについた」(聖ボナヴェントゥーラ『大伝記』)。

フランシスコがこの世からの旅立ちのときに着ていた最後の服、僧衣《トナカ》と出会った著者は、促されるようにその研究に身を投じます。

そして著者の熱いまなざしは、必然的に、主イエスの聖衣《トゥニカ》に向けられます。なぜなら、フランシスコが、誰も欲しがらない、これほど粗末な服を「大喜びで」着ることになった理由は、イエスの聖衣《トゥニカ》にあったからです。

エンツォ・フォルトゥナートは、聖衣《トゥニカ》と僧衣《トナカ》の意義、象徴性について、数えきれないほどの史料・文献を研究し、多くの意見を参考にしました。

キリストの聖衣《トゥニカ》は、母マリアによって織られたと伝えられている縫い目のない服、イエスを十字架につけた兵士たちがはぎ取って分けようとしたにもかかわらず裂くことをためらった服です。

十字架につけられた裸のイエスがわたしたちに残したこの〝ぼろきれ〟の価値とは？　フラーテ・エンツォは探求を続けます。「〝縫い目のない、一枚の布として織られた〟この聖衣《トゥニカ》こそ、わたしたちが着るよう、そのように生きるよう、求められている〝服〟なのです」。

聖衣《トゥニカ》と僧衣《トナカ》は、主イエスとその貧しさの選択が毎日刷新されることを思い起こさせます。著者が言うように、「かれらの伴《とも》をしたのは、もろさと苦しみでした。同時に、当時の人々や後世の人々に新しい道を示すことになる、かれらの選択の炸裂的な力です」。「未来のそして永遠の戒告として残された二人の服。宗教的であろうと非宗教的なアプローチであろうと、この示された航路を愛をもって選ぶか否かの責任はわたしたち皆に、そして後世の者たちに、ゆだねられています」。

わたしたちもこの「旅」に向かって歩を進めることができるでしょうか、その単純さゆえに深淵な、愛の道を……。

教皇フランシスコも、コロナ禍の祈りの中で薦めます。「苦しみと孤独のときが、深い夕べが、恐れと狼狽《ろうばい》のときが、もうきたように思われるとき、理解する努力をしましょう」。

しかしまさにそのようなとき、聖フランシスコをも覆ったあの聖衣《トゥニカ》が、わたしたちをそっと包みます。「神である子」として、苦しみと死の支配下にある、栄光の欠如した人間の本性を引き受け、究極の犠牲にいたるまで父への従順を生きたキリストが、わたしたち一人ひとりに自らを犠牲としてささげたために、全人類のものとなった服。

著者は、「誰もが聖なる者、無垢《むく》な者として御父の前に進み出ることができるようにと、黄泉《よみ》の国に降りたイエスが一人ひとりにご自分の聖衣《トゥニカ》を与えた、とわたしは想像したい」と述べています。

本著には、タゴール、アルダ・メリーニ、アン・レキュ、ラヴァージ、フライアーノ、カンタラメッサ、アウグスティヌス、マザーテレサや多くの研究者たちの興味深いことばや観点がちりばめられています。たとえば、黙示録に出てくる、聖者たちの「白い衣（albae stolae）」（黙示録7・14。かれらは大きな苦難を通ってきた者で、その衣を小羊の血で洗って白くしたのである）。なぜ、小羊の赤い血で洗うと白（albae）になるのか？　聖書研究者たちはこれを錬金術の「albedo（白化）」という現象と対比させています。赤色は鉄が最高に熱せられた場合に真っ白になりますが、錬金術ではそれを「大いなるわざ」と呼んでいます。rubedo［赤化。神人合一、有限と無限の合一］のあとのalbedo［白化。浄化、再生、肉体の鎖から解かれた魂の解放］のことです。

さらに末尾には、「あなたにとって、聖衣《トゥニカ》とは、僧衣《トナカ》とは?」という問いに答える読者のメッセージが収められています。その一つに「聖衣《トゥニカ》は神が現存したこと、そして復活したことの証。僧衣《トナカ》は人間一人ひとりが神のようである可能性について教えてくれるもの」というのがありました。いつの間にかわたしたちも、今の時代に思いを巡らせながら、本を読み終えることになります。

思えば、二十一世紀の人類の願いや叫びへの答えは、今から約八世紀前の聖フランシスコが示す「完璧な喜び」の内にあるのではないでしょうか。

「それでは何が真の喜びなのですか」と兄弟レオーネは尋ねます。そこでフランシスコは語りはじめます。

わたしは真夜中にペルージャから帰ってくる。そしてここにたどり着く。冬の道はぬかるみ、あまりの寒さに僧衣《トナカ》の裾にはつららがつき、わたしの足を突き続ける。傷からは血が出ている。わたしは、泥にまみれ、凍えきって門に着く。玄関の扉をたたき続けていたら、やっと一人の修道士が出てきて尋ねる。「だれだ」。わたしはこたえる。「兄弟フランシスコです」。すると彼は「とっとと消えろ。こんな時間に来るものではない。入れてやらぬぞ」。そして、わたしが頼み続けると、こうこたえるのだ。「消えうせろ。おまえは単純で愚かな人間だ。もうここに来ることはできない。われわれは大勢になったし、おまえをもう必要としていない」。それでもわたしは扉の前に立ち、こう言う。「神の愛をもって、今晩だけ泊めてください」。彼はこたえる。「だめだ。十字路に行って頼むがいい」。さて、もしわたしがこのとき耐え忍び、動揺しなかったら、ここにまことの喜びがあり、ここに真の徳、魂の救いがあるのだ。

聖フランシスコは、人間たちだけでなく、生きとし生けるものに「服従」します。フランシスコの服が、すべての生き物の体と魂を愛撫《あいぶ》する優しいマントのようになることもありました（小鳥たちへの説教の場面）。また、服は兄弟愛のしるしでした。僧衣《トナカ》はフランシスコのこの世で過ごしたほとんどの時期の伴《とも》をし、いわば彼の「遺産」となりましたが、死が間近になったとき、兄弟レオーネに言います。「この僧衣《トナカ》を君にあげる。今日から君のものだ。わたしは生きている間だけ着ているから、死んだら君のものだ」。

すべては「はじめのように……」。フランシスコの「自らをなげうつ心の寛《ひろ》さ」は、若き日、裕福な織物商であった父親の前で示した「脱衣」からはじまります。

熱烈な魂の高揚に酔いしれて、着ている服をすべて、下着さえ残さず地面に捨て、皆の前で裸になった。そして父親にこう言った。「今までこの世ではあなたをわが父と呼んできた。今からは確実にこう言える。天におられるわたしたちの父よ、と。なぜなら彼の内にわたしはすべての宝を置き、わたしの信頼、希望のすべてをゆだねたのだ」(聖ボナヴェントゥーラ『大伝記』)。

この「脱衣」こそが、イエスと、その弟子フランシスコの生涯を貫いたキーワードであり、本書のテーマであったように思えます。

最後に、「継ぎはぎだらけのボロボロの服」に出会わせてくれた、女子パウロ会と、きめ細かな作業に力を注いでくださった編集部の方々に心より感謝の意を表します。

二〇二二年九月一日

太田綾子

地名、書名、固有名詞、映画のタイトルなど、イタリア語で「Francesco(フランチェスコ)」の場合も、表記の統一性をはかり、「フランシスコ」にしました。

本文中の聖書の引用は著者訳と、日本聖書協会『聖書 新共同訳』（一九九九年版）を使用させていただきました。ただし、漢字・仮名の表記は本文に合わせたことを、お断りいたします。

装幀　水戸部功

著者紹介

エンツォ・フォルトゥナート

（Enzo Fortunato）

アッシジのコンベンツアル聖フランシスコ修道会士、ジャーナリスト、アッシジの聖フランシスコ大聖堂の広報責任者、月刊誌「San Francesco」編集長。「オッセルヴァトーレ・ロマーノ紙」の協力者、「アッヴェニーレ紙」、「コッリエーレ・デッラ・セーラ紙」、「Huffington Post紙」、「Gruppo QN紙」の寄稿者。イタリア国営放送RAI 1の「Tg1 Dialogo」に出演、イタリア国営放送Radio1の「フランシスコと旅する」に声で出演。イタリアおよび海外でセミナーや講演会開催。平和と共通善のための国際支援プロジェクトに参加。モンダドーリ（Mondadori）出版から出た著書に、「フランシスコのところに行く（Vado da Francesco）」と「反逆児フランシスコ（Francesco il ribelle）」がある。

訳者紹介

太田綾子

（おおた あやこ）

1947年、東京に生まれる。フィレンツェ大学教育学部イタリア語・イタリア文学科卒業。教皇庁立ウルバノ大学マーテル・エクレシエ短期大学（宣教カテケーシス専攻）卒業。教皇庁グレゴリアン大学聖書学院でヘブライ語・ギリシア語を学ぶ。渡伊26年、1991年に帰国。日伊協会講師（1989-97）。1993年、イタリア語通訳・翻訳会社「アド・イタリア」設立。訳書に、アガンベン著『いと高き貧しさ』（共訳、みすず書房）、『教皇フランシスコのことば365』『マザーテレサの霊性』（女子パウロ会）などがある。

イエスの聖衣《トゥニカ》とフランシスコの僧衣《トナカ》

稀有《けう》な二つの生き方、二つの不滅のメッセージ

著者
エンツォ・フォルトゥナート

訳者
太田綾子

発行所
女子パウロ会

代表者
井出昭子

〒107-0052　東京都港区赤坂8-12-42
Tel.（03）3479-3943　Fax.（03）3479-3944
webサイト　https://pauline.or.jp/

印刷所
精興社

初版発行
2023年3月1日

ISBN978-4-7896-0832-9 C0016 NDC194